Gaby Shayana Hoffmann

# DRACHENKRAFT-ENERGIEN

## Aktiviere die reine schöpferische Kraft in dir

Begleitbuch zu den 50 Karten



Schirner Verlag

ISBN 978-3-8434-9069-6


2. Auflage September 2016

Schachtel: Arne Gutowski, Schirner, unter Verwendung eines Bildes von Gaby Shayana Hoffmann
Gestaltung & Illustrationen: Gaby Shayana Hoffmann
Lektorat & Satz des Booklets: Kerstin Noack, Schirner, unter Verwendung von #259711097 (©AKV), www.shutterstock.com

Printed and bound by: Ren Medien GmbH, Germany

www.schirner.com

# Inhalt

# Vorwort

Verspürst du auch dieses Kribbeln in deinem Bauch und die enorme Faszination, die einen erfasst, wenn man sich mit Drachen beschäftigt? So ergeht es mir schon seit Kindertagen jedes Mal, wenn ich irgendwo etwas erblicke, das auch nur entfernt mit Drachen zu tun hat. Es ist wie ein innerer Sog, der mich zu ihnen zieht. Wenn ich an Drachen denke, ist es, als ob ein Feuer in mir anfängt zu brennen, und doch wusste ich lange Zeit nicht, was es damit auf sich hatte.

Einige Jahre nachdem ich bereits als spirituelle Künstlerin meine Berufung gefunden hatte und auch schon länger von anderen Lichtwesen in meinem Wirken inspiriert wurde, gab es einen Moment, in der ich die Drachenenergie in mir plötzlich so intensiv spürte, dass ich davon völlig überwältigt war. Die Drachen teilten mir mit, dass es jetzt an der Zeit wäre, die Menschen mit den Drachenkraft-Energien in Verbindung zu bringen. Dass diese licht- und kraftvollen Energien nur darauf warten würden, uns Menschen in unserer Entwicklung zu unterstützen.

Also machte ich mich ans Werk, mehr als gespannt darauf, was aus den intuitiven Impulsen heraus entstehen wollte.

Das Ergebnis meines Schaffens ist dieses energiereiche Kartenset. Es ist bereits mein viertes, und obwohl meine Arbeit mich wirklich immer sehr erfüllt, war ich dieses Mal erstaunt, dass es noch intensiver und berührender wurde als je zuvor. Verbunden mit dem Drachenbewusstsein ließ ich einfach das durch mich hindurchfließen, was entstehen wollte. Und als Mittler dieser Energien bin auch ich jedes Mal aufs Tiefste berührt von den Texten und Kunstwerken, die dabei entstehen.
Ich bin unendlich dankbar dafür, dass ich so offen die Energien empfangen durfte, dankbar für diese wertvolle Schöpfung, die ich nun auch voller Freude in DEIN HERZ legen darf. Öffne dein ganzes Sein, und lasse dich vertrauensvoll auf diese Energien ein. Ich wünsche dir von ganzem Herzen, dass du den Ruf der Drachen vernimmst und die Erinnerungen an dein wahres Sein, die sie dir schenken, jetzt in dir erwachen.
Alles, was du in diesem Kartenset findest, ist eine Erinnerung an dich selbst, und es ist kein Zufall, dass es gerade JETZT zu DIR kommt! Erinnere dich – und reaktiviere so die reine schöpferische Kraft in dir!

In Verbundenheit & Liebe
*Shayana*

# Botschaft der Drachen

»Geliebte/r Freund/in,

wir möchten dich willkommen heißen in unserer Energie, die dich in diesem Augenblick berührt.
Wir sind die Wesen des Drachenbewusstseins. Wir leben in einer anderen Erfahrungswelt, einer anderen Dimension als du, und doch haben wir gemeinsame Berührungspunkte, denn unser aller Seelen entstammen demselben Ursprung, der Quelle allen Seins.
Wir Drachen sind bewusste Schöpfer und leben in einer prächtigen, farbenfrohen und üppigen Welt. Wir sind außerdem Reisende durch die Dimensionen, und wir sind Begleiter für andere Wesen, die wir durch unser Drachenfeuer daran erinnern, wer sie selbst sind.
Auf der Seelenebene kennen wir viele von euch – und ja, AUCH DICH – schon sehr lange.
Wir haben gemeinsam schon viele Abenteuer erlebt – in anderen Leben, zu anderen Zeiten und in unterschiedlichsten Welten.
Du mutiges Wesen hast dich auf die Erde begeben, um ganz besondere Erfahrungen zu durchleben. Nicht jede Seele wagt den Schritt auf diesen Planeten, denn hier

lasst ihr eure Erinnerung daran, wer ihr wirklich seid, in der Geistigen Welt zurück. Das erfordert Mut und eine gehörige Portion Abenteuerlust, weswegen wir DICH, ja, euch alle, wahrlich bewundern.

Du lebst auf einem einzigartigen und wunderbaren Planeten, der dir eine unglaublich große Vielfalt an Möglichkeiten bietet, dein Leben zu erschaffen. So können verschiedene Erdenbewohner zur selben Zeit die unterschiedlichsten Lebensszenarien durchleben. Es gibt nur sehr wenige Planeten, die dir dies bieten. Und auch wenn du manchmal das Gefühl hast, am falschen Platz zu sein, sei dir gewiss, dass absolut alles dem Plan deiner Seele entspricht. Hadere nicht mit einem sogenannten unabwendbaren Schicksal.

Du bist, wie alle anderen Wesen auch, ein selbstverantwortlicher Schöpfer deines Lebens. Diese Kraft wurde dir von der Quelle allen Seins verliehen.

Welche große Chance sich dahinter verbirgt, möchten wir dir mit den Drachenkraft-Energien übermitteln. Es ist kein Zufall, dass du dies hier im Augenblick liest. Es hat einen Grund, denn tief in deinem Inneren möchtest du dich jetzt erinnern! Nur darum ist es dir überhaupt möglich, diese Zeilen zu lesen und die Energien in dir wirken zu lassen. Die Zeit ist reif, dass du dich daran erinnerst,

welche wundervollen Kräfte wirklich in dir schlummern. Die Zeiten der Abhängigkeiten weichen den Zeiten der Freiheit, in denen du die Welt mit ganz anderen Augen sehen und mit erschaffen wirst.
Wir freuen uns darauf, an deiner Seite zu stehen, dir immer, wenn es nötig ist, die Weisheit deiner Seele ins Gedächtnis zu rufen und mit erleben zu dürfen, wie sich dein Wesen und dein Sein öffnet und sich entsinnt, was es bedeutet, ein bewusster Schöpfer des Lebens zu sein.
Eine neue Zeit bricht an, in der du deine Seelenflügel öffnest und mit uns gemeinsam neue, freie Welten erschaffst. Unsere Freude und unsere Liebe für euch alle ist grenzenlos!«

# Anwendungsmöglichkeiten der Karten

Mit diesem Kartenset hältst du ein wertvolles Energiewerkzeug in Händen, das dich daran erinnert, welch ein kraftvolles, schöpferisches Wesen du bist!
Jede Karte, die du ziehst, beinhaltet ein hoch schwingendes Bildportal, ein Kunstwerk, das die Schwingung der jeweiligen Drachenkraft-Energie zum Ausdruck bringt.
Wenn du dich also mit den Karten beschäftigst, kannst du nicht nur die Affirmation und die weiterführende Botschaft zum jeweiligen Thema lesen und damit arbeiten, sondern du kommst zusätzlich mit Energien in Kontakt, die dich bei deinem aktuellen Anliegen bestmöglich unterstützen und im Innersten deines Seins berühren.

**Der Umgang mit deinen Karten**
Sei dir gewiss, dass du mit diesem Kartenset einen kostbaren Schatz hast, der dir helfen möchte, dein Leben befreiter und glücklicher zu gestalten. Sieh es als ein Geschenk der Geistigen Welt, der Quelle allen Seins an dich, überbracht von unseren kraftvollen Drachenfreunden, um dich an dein wunderbares Sein zu erinnern.

Gehe also mit deinem Kartenset wertschätzend um, und sei dir bewusst, dass viel Liebe, Energie und Arbeit darin steckt, die nur dafür da ist, DIR zu dienen.

Bevor du das erste Mal mit den Karten arbeitest, begrüße sie in deinem Leben. Bedanke dich dafür, dass sie dir zur Verfügung stehen und dir wertvolle Impulse geben möchten.

**Die Arbeit mit deinen Karten**

Bevor du eine oder mehrere Karten ziehst, nimm dir etwas Zeit, um dich auf die Legung einzustimmen. Atme ein paar Mal tief ein und aus, und öffne dein Herz. Begrüße deine Freunde aus dem Drachenbewusstsein, und bitte um klare und eindeutige Impulse, die dir in deinem aktuellen Leben weiterhelfen.

Stelle dann innerlich deine Frage – entweder zu einem bestimmten Thema oder dein Leben im Allgemeinen betreffend. Erspüre intuitiv, ob dafür eine Karte ausreicht oder ob du mehrere ziehen sollst. Falls du mehrere ziehen möchtest, eignen sich drei besonders, da diese einen guten Überblick für ein Thema geben können. Dies ist aber nur eine Empfehlung. Achte darauf, welche Anzahl sich für DICH stimmig anfühlt und welche Legemethode du vielleicht gerne ausprobieren möchtest!

Mische als Nächstes deine Karten. Achte darauf, dass die Rückseiten der Karten nach oben zeigen. Wenn dir bereits beim Mischen der Karten eine oder mehrere aus der Hand fallen, lege sie zur Seite, und ziehe sie später zur Beantwortung deiner Frage hinzu, denn eine Karte fällt niemals nur zufällig heraus!

Konzentriere dich weiterhin auf deine Frage, und ziehe dann eine oder mehrere Karten. Du kannst dabei die Karten entweder auf dem Tisch oder in der Hand als Fächer ausbreiten oder auch einfach in den Stapel hineingreifen. Du kannst nichts falsch machen. Vertraue deiner Intuition, und lasse dich überraschen, welcher Impuls sich dir gerade zeigen möchte.

In diesem Kartenset gibt es übrigens auch eine JA- und eine NEIN-Karte. Diese beiden Karten kannst du bei Bedarf heraussuchen und dann verdeckt eine von beiden ziehen, um eine besonders klare Antwort auf deine aktuelle Frage zu finden. Lies dazu aber bitte auch unbedingt die weiterführende Botschaft hier in diesem Begleitbüchlein!

## Die Botschaften deiner Karten

Du hast nun die für dich aktuell passende(n) Karte(n) gezogen. Schaue dir eine nach der anderen an, und lasse sie erst einmal auf dich wirken. Die Titel der Karten werden in dir bereits innere Bilder und Erkenntnisse hervorbringen. Spüre nun tiefer hinein, indem du dir die Affirmation auf der Karte durchliest und sie innerlich ein paar Mal formulierst.

Betrachte nun auch das Kartenmotiv. Lasse die Drachenkraft-Energie dich in deinem Herzen und in deiner Seele berühren. Die Energie kann sich in ganz unterschiedlicher Art und Weise in dir zeigen. Bleibe offen und vertrauensvoll.

Lies dann auch die weiterführenden Botschaften aus diesem Begleitbuch zu den von dir gezogenen Themen. Auch wenn Drachen Wesen anderer Dimensionen sind, so ist es ihnen doch wichtig, dass die Botschaften für dich einfach verständlich und alltagstauglich sind. Du bist bereit, jetzt in deine Kraft zu kommen, und dafür benötigst du klare und eindeutige Informationen und Botschaften. Lege die Karten im Anschluss nicht einfach wieder weg, sondern lasse sie als Erinnerung noch in deiner Nähe. Stelle sie auf, und blicke immer wieder auf sie. Sprich die Affirmation innerlich oder auch laut, und schaue,

wie sie sich anfühlt. Gehe in deiner Vorstellung in den Zustand, den die von dir gezogene Karte repräsentiert. Du kannst auch das Kartenmotiv mit in deine Meditationen nehmen, wenn du möchtest. Bitte deine Drachenbegleiter darum, dass die Energien, die mit diesem Bild verbunden sind, dich erfüllen und intensiv begleiten und unterstützen mögen. Diese Energien stammen aus dem Drachenbewusstsein, von den Drachenwesen selbst, die uns mit all ihrer Liebe wieder mit den Schöpferkräften vertraut machen möchten.
Sie wissen um die kraftvolle Magie, die sich in uns befindet und dürfen uns jetzt wieder mit ihr in Berührung bringen. Alles Wissen und alle Macht sind bereits in uns. Wir dürfen jetzt die Erinnerung daran wieder wachrufen, um uns zu befreien und unser Leben damit zu bereichern.
Solltest du mit der einen oder anderen Drachenkraft-Energie intensiver arbeiten mögen, erhältst du bei mir auch größere Versionen der Kunstwerke als Kunstfotos, auf Leinwand oder zum direkten körperlichen Erspüren der Energie auch als Kuschelkissen.

Weitere Informationen dazu findest du auf meiner Webseite:

www.dolphins-dreamdesign.de

# KARTENBOTSCHAFTEN

## Absicht

Ich sende meine klare,
zweifelsfreie Absicht
hinaus ins Universum.

**Energie-Impuls zu dieser Karte**

Weißt du, wie Schöpfung geschieht? Ein sich seiner selbst bewusster Schöpfer sendet seine zweifelsfreie Absicht hinaus ins Universum. Er formuliert in seinem Inneren ein Ziel, das er bereits mit allen Sinnen greifen kann. Er weiß, dass sich die Energien des allumfassenden Universums darauf ausrichten werden, seine Schöpfung in die Realität zu bringen. Alle verfügbaren Kräfte setzen sich in Bewegung, um Menschen, Situationen und Begebenheiten an den Ort zu bringen, der für die Manifestation dieser Absicht vorgesehen ist.

Deine Absicht ist machtvoll, werde dir dessen bewusst. Übe dich darin, diese Macht wieder kennenzulernen! Du kannst mit etwas Kleinem anfangen, zum Beispiel indem du Dinge, die du vielleicht schon lange suchst, endlich den Weg zu dir finden lässt oder indem du endlich aufhörst, zu denken, viele Aufgaben gleichzeitig erledigen zu müssen. Es gibt keinen Grund, in Stress zu verfallen, denn Zeit ist ein Konstrukt, das du beeinflussen kannst! Formuliere, was du in einem bestimmten Zeitraum schaffen möchtest. Verlange es, oder bitte darum – mache es so, wie es sich für dich am besten anfühlt. Entscheide, was bis zu welchem Zeitpunkt erledigt sein soll. Beginne mit kleinen Aufgaben, und staune, wie leicht du die Zeit auf einmal einhalten kannst. Achte immer darauf, aus deiner Seele heraus zu handeln. Wenn du das tust, weißt du, dass die Energien um dich herum sich darum kümmern werden, deine Absicht real werden zu lassen.

Geliebter Freund, das zu manifestieren, was deiner Absicht entspricht, ist nicht schwer. Generell sind spirituelle Wahrheiten von Einfachheit geprägt. Je komplizierter etwas ist, desto wahrscheinlicher ist es, dass es vom Verstand des Menschen erschaffen wurde.

Also: Begib dich in deine Mitte, erwäge deine klare Absicht, und bringe sie zum Ausdruck. Wisse, dass sich dann alle Energien auf den Weg machen werden, um dir zu dienen.

## Achtsamkeit

Ich blicke achtsam auf mein Leben und auf alles, was sich darin befindet.

**Energie-Impuls zu dieser Karte**

Achtsamkeit ist eine Kraft, die es dir ermöglicht, ein glücklicheres Leben zu führen. Bringe sie wieder vermehrt in deinen Alltag.

Verführt von den vielen Ablenkungen deines Alltags und den unzähligen Anforderungen, die auf dich warten, hast du verlernt, achtsam mit dir selbst, anderen Menschen und den Situationen deines Lebens umzugehen.

Oftmals steckt in der Einfachheit größere Kraft als in einer großen Handlung. Wenn du achtsam bist, kommst du zurück in deine Mitte – dann erlaubst du dir wieder einen unverfälschten Blick auf die Dinge, die in deinem Leben geschehen.

Achtsam mit dir selbst umzugehen bedeutet in dein Herz zu blicken und zuzuhören, was es dir gerade sagen möchte. Du schaust hin, ohne es bewerten oder verändern zu wollen. Es IST einfach, und es ist EINFACH.

Ebenso verhält es sich, wenn du anderen Menschen achtsam begegnest. Du nimmst den anderen einfach so wahr, wie er ist, und versuchst nicht, ihn zu verändern. Du hörst ihm aufmerksam zu und schenkst ihm den Respekt, den er verdient. Auch du selbst verdienst den Respekt, so sein zu dürfen, wie du bist.

Du bewertest in diesem Moment weder deine eigene Handlung noch die des anderen. Du lässt SEIN, was gerade IST. Damit löst du dich von dem Drang, ständig etwas verändern zu wollen, damit es in eine bestimmte Schublade deines Weltbildes passt. Alles, was jetzt gerade IST, hat seine Berechtigung, sonst wäre es nicht da.

Sei achtsam mit dir und anderen. Fange bereits morgens damit an, indem du den Tag achtsam beginnst. Erinnere dich auch tagsüber immer wieder daran, achtsamer zu werden, und beschließe den Tag mit einigen Minuten der Achtsamkeit. Du wirst dadurch ruhiger und konzentrierter werden und einige Dinge aus einem anderen Blickwinkel sehen können. Das wird dir wertvolle Impulse für dein Leben geben.

## Begeisterung

Durch meine Begeisterung setze ich starke schöpferische Kräfte in Gang.

**Energie-Impuls zu dieser Karte**

Kannst du dich an Momente in deiner Kindheit erinnern, in denen du dich voller Begeisterung einem Spiel oder einer neuen Sache gewidmet hast?

Erinnere dich an das Gefühl, das du dabei hattest! Du spürtest in dir einen Wissensdurst, eine ungeheure Abenteuerlust und vor allem sehr viel Freude!

Eine solche Energie der Begeisterung reißt alles mit sich mit. Sie ist kaum aufzuhalten, da sie die Dinge und Situationen im wahrsten Sinne des Wortes mit starker schöpferischer Energie bereichert: Man »be-geist-ert« etwas, man haucht ihm mittels der eigenen Schöpferkräfte Leben ein.

Wenn es etwas in deinem Leben gibt, was du dir schon lange wünschst – wenn du etwas schon lange machen oder erreichen wolltest –, dann möchte dich diese Karte jetzt daran erinnern, die Kraft der Begeisterung dafür einzusetzen!
Mache keine halben Sachen. Etwas, was nur so »nebenher« läuft, wird niemals die Kraft entwickeln, die es braucht, um sich wirklich in deinem Leben zu manifestieren. Es wird eher wie eine verkümmerte Pflanze mit nur wenigen kleinen Blättern sein, die zwar am Leben gehalten wird, sich aber nicht in aller Schönheit entfalten kann.
Deine Ideen und Schöpfungen brauchen Energie! DEINE Energie und DEINE Schöpferkraft! Dein Einsatz ist gefragt! Wenn es dir mit einer Schöpfung ernst ist, dann lege all deine Begeisterung und dein Herzblut hinein! Dadurch erfüllst du sie, und sie kann wachsen, gedeihen und zu einem kraftvollen Meisterstück werden.
Manche Schöpfungen brauchen mehr Energie als andere. Also werde nicht ungeduldig, wenn es etwas länger dauert. Solange es sich für dich im Herzen richtig anfühlt, versorge deine Schöpfung mit Energie, und du wirst eines Tages mit Sicherheit ernten, was du gesät hast.

## Bestimmung

Ich bin dazu bestimmt,
mit Freude viele
unterschiedliche Lebens-
erfahrungen zu machen.

**Energie-Impuls zu dieser Karte**
Sicherlich hast du dich schon oft gefragt, was deine Bestimmung ist.
Suche nicht zu weit. Mache es nicht zu kompliziert. In erster Linie bist du hier, um Erfahrungen zu sammeln. Deine Seele möchte sich entdecken, möchte unterschiedliche Situationen erleben – in aller Intensität. Die Erde eignet sich dafür sehr gut, denn sie ist ein Planet, auf dem unzählige unterschiedliche Erfahrungen möglich sind – und das sogar in ein und demselben Leben. Deine Bestimmung ist, die Energien des Lebens, die Energie der Liebe, der Freude, des Glücks – und ja, manchmal auch des Kummers, der Niedergeschlagen-

heit oder der Trauer – in all ihren Facetten zu erfahren. Es steckt eine Schönheit und Erhabenheit in all diesen Gefühlen und Energien. Wenn du erkennen kannst, dass dein Selbst, dein DU, nicht diese Gefühle SIND, sondern dass du sie nur erlebst, kannst du einen Schritt zurücktreten und alles aus einer höheren Perspektive betrachten. Dann kannst du für jede erdenkliche Situation Dankbarkeit und Ehrfurcht empfinden. Bedenke: Nichts ist in Stein gemeißelt. Nichts hat auf ewig Bestand. Du befindest dich im Fluss des Lebens. Du folgst den Strömungen deiner Schöpfungen.

Da du der Schöpfer deines Lebens bist, erinnere dich daran, dass du mit deiner bewussten Absicht, deinen Gedanken UND deinen Gefühlen auch immer wieder in neue Erfahrungsebenen schlüpfen kannst. Wenn du das Gefühl hast, genug von einer Energie-Erfahrung zu haben, dann erschaffe dir etwas Neues.

Wie? Übernimm die Verantwortung für dein Leben, und wähle innerlich neue Erfahrungen. Nur DU kannst dich von dem lösen, was in dir keinen Bestand mehr haben soll.

## Dankbarkeit

Ich bin dankbar und wertschätze alles, was sich in meinem Leben zeigt.

**Energie-Impuls zu dieser Karte**

Deine Welt ist ein Ort der Fülle und des Reichtums. Diese Welt ist reich an unendlich vielen Erfahrungen, die du jeden Tag aufs Neue machen kannst. Es gibt eine unglaubliche Vielzahl an unterschiedlichen Menschen, denen du begegnen, die du kennenlernen und mit denen du die gesamte Palette an Gefühlen und Abenteuern durch- bzw. erleben kannst.

Du bestimmst, worauf du jeden Tag deine Aufmerksamkeit legst, damit es in deinem Leben wächst und sich vermehrt. Dein Leben ist auf Wachstum ausgerichtet – in jeglicher Form. Wenn du Dinge, Möglichkeiten, Menschen und Situationen, die sich in deinem Leben

befinden, einmal genau betrachtest, kannst du überall kleine Wunder entdecken.
Vermeintlich negative Situationen beinhalten Möglichkeiten, über sich selbst hinauszuwachsen und sich weiterzuentwickeln. Überall gibt es versteckte Schätze zu entdecken, die dein Leben bereichern können. Blicke hinter die Kulissen, und werde dir all der Schätze bewusst, die du für selbstverständlich hältst. Es gibt viele davon. Öffne deine Augen, und sieh mit einem neuen Verständnis. Sobald du anfängst, noch mehr Wertschätzung und Dankbarkeit für all das zu empfinden, was dir begegnet, wirst du wie ein Magnet immer mehr davon in dein Leben ziehen.
So wirst du mit der Zeit sogar Dankbarkeit für schwierige Momente entwickeln, denn auch sie bringen dich weiter und führen dich zu wertvollen Momenten, die anders nicht möglich gewesen wären.
Wertschätze all das, denn darin liegt die wahre Kraft.

Das Leben meint es gut mit dir, in jedem Augenblick!

## Drachenfeuer

Ich lasse mich vom kraftvollen Feuer meiner Drachenfreunde durchströmen.

**Energie-Impuls zu dieser Karte**

Wenn du diese Karte ziehst, steht ein besonderes Geschenk für dich zur Verfügung. Wir, deine Freunde aus dem Drachenbewusstsein, möchten dich mit unserem Seelenfeuer in Berührung bringen. Unser Seelenfeuer wirkt wie ein »Powerbooster«, ein Energieschub, der dich gerade jetzt mit einer großen Portion Mut, Kraft und Liebe durchströmen möchte. Es ist ein Geschenk, das dein eigenes Feuer anfacht und alles, von dem du überzeugt bist, dass es nun nicht mehr zu dir gehört, mit sich nimmt, um es in neue Potenziale zu verwandeln.

Nimm dir, sobald es dir möglich ist, einige Minuten für dich, in denen du ungestört bist. Du kannst dies auch an

mehreren Tagen hintereinander tun, wenn du das Gefühl hast, dies jetzt zu brauchen. Schließe die Augen, und entspanne dich. Begib dich innerlich zu einem Kraftort, an dem du dich sicher und geborgen fühlst. Dann fühle, wie wir, deine Drachenfreunde, zu dir kommen und uns im Kreis um dich herum aufstellen. Spüre die Achtung und Anerkennung, die wir dir entgegenbringen. Ganz tief aus unserem Inneren lassen wir nun gemeinsam unsere Drachenflammen auflodern. Sie werden dich in keiner Weise verletzen, doch sie werden sich mit der Flamme in deinem Herzen verbinden. Du spürst, wie dich ein großes, warmes und nährendes Feuer umgibt, wie es durch dein ganzes Sein lodert, wie es die Seelenflamme in dir berührt und sie zum Wachsen animiert.
Du nimmst wahr, wie dieses Feuer durch dich hindurch, durch alle deine Körper, deinen physischen wie deine feinstofflichen, lodert und brennt. Du fühlst, wie du selbst strahlst und glühst, wie die starke Energie des Lebens sich in dir ausbreitet und jegliche Form von Angst, Schmerz und Gefühlen der Wert- oder Hilflosigkeit mit sich nimmt.
Du atmest die pure Energie des Lebens und strahlst diese auch aus. Bleibe so lange in diesem Feuer stehen, bis du vollkommen in deiner Kraft bist.

## Drachenkuss

Ich spüre, wie der Kuss meines Drachens mich aufweckt und meine Erinnerung erwacht.

**Energie-Impuls zu dieser Karte**

Geliebtes Wesen, es ist Zeit aufzuwachen!

Aufzuwachen aus einem Traum, den du bisher geträumt hast und der nicht mehr der deine ist. Wenn du dieses Energieportal, diese Karte in Händen hältst, bist du bereit zu erkennen, wer du wirklich bist!

Oh, du unendlich geliebtes, wunderbares Wesen des Seins. Fühle, wie dein Drache, dein Drachenbegleiter sich nun an deine Seite stellt und du diesen geschätzten alten Freund begrüßt. Er kann sich an alles erinnern, was ihr schon gemeinsam durchlebt habt. In anderen Dimensionen und anderen Leben. Er kennt deine Seele, und er weiß um deine Schöpferkraft.

Er sieht dich mit liebevollem Blick an, und du siehst vertrauensvoll zu ihm. Er haucht dir eine sanfte Energie entgegen, du siehst sie und schließt dann für einen Augenblick die Augen. Diese Energie fühlt sich an wie ein Kuss!

Der Kuss des Drachen macht nichts anderes, als dich aus deinem Dornröschenschlaf zu erwecken!

Auf deinem Gesicht prickelt es, und du spürst, wie die Energie des Drachen durch deinen ganzen Körper rieselt. Du öffnest deine Augen wieder und blickst tief in die Augen deines Drachen. Du versinkst in seinem Blick, und auf einmal steigen die Erinnerungen deiner Seele in dir auf. Du fühlst plötzlich wieder Dinge und Wahrheiten, die längst vergessen schienen. Du spürst deine Schöpferkraft und erinnerst dich an wundervolle Dinge, die du und deine Seele schon in ihrem Sein erfahren haben. Du erhaschst einen Blick auf Erfahrungen, die verschüttet waren. Und du kannst erahnen, wer du wirklich bist.

Du darfst so lange in diesem Moment bleiben, wie es sich für dich richtig anfühlt. Du wirst die Erinnerungen mit dir nehmen, die gerade jetzt für dich in deinem Leben wichtig sind. Nutze sie, und hüte sie als einen Schatz in deinem Herzen.

## Drachenliebe

Ich fühle, wie sich mein Herz in Liebe mit den Herzen der Drachen verbindet.

**Energie-Impuls zu dieser Karte**
Wir Drachen hegen eine unglaublich tiefe Liebe für euch Menschen. Wir bewundern euren unendlichen Mut, euch immer wieder jenseits des Schleiers der Erinnerung, Erfahrungen auszusuchen, die euch bis an eure Grenzen bringen. Doch wisst: Genau diese Grenzerfahrungen sind es, die euch wieder in Kontakt mit dem Wissen eurer Seele bringen können.
Diese Liebe für euch, für DICH, möchten wir dich heute ganz intensiv spüren lassen! Nimm dir eine kurze Auszeit, in der du auftanken kannst. Richte dir einen heiligen Raum ein, einen Raum der Stille, in dem du empfangsbereit und offen bist. Fühle, wie der Drachenfreund und

Drachenbegleiter, der dir am nächsten ist, zu dir kommt. Deine Verbindung zum Drachenbewusstsein existiert durch seine Anwesenheit und eure Verbundenheit.
Ihr steht euch gegenüber, und du atmest entspannt und tief ein und aus. Du kannst sehen, dass er dich lächelnd ansieht, und dann nimmst du wahr, wie ein besonderes Licht aus seinem Brustkorb heraus und zu dir herüberfließt. Es ist wie ein kleiner Wirbelsturm aus funkelndem Licht, der immer größer wird. Auch dein Herz öffnet sich, und du beobachtest, wie sich zwei lichtvolle Energieströme aus euren Herzen verbinden und nun ein Energiefluss der Liebe zwischen euch zu fließen beginnt. Du spürst, wie du von reiner bedingungsloser Liebe durchflutet wirst. Alles in dir wird davon berührt, und diese köstliche und süße Energie strömt in jede einzelne Zelle deines Körpers und deines Seins.
Nach einer Weile kannst du durch diese Verbindung auch die Herzen anderer Drachen wahrnehmen. Da es einen freundschaftlichen Bund zwischen euch allen gibt, strömen auch ihre Herzenergien durch deinen Drachenbegleiter in euren Energiefluss hinein.
Bleibe so lange in diesem Moment, wie du möchtest. Dann bedanke dich, und begib dich mit unendlicher Liebe angefüllt zurück in deinen Alltag.

## Ehrlichkeit

Ich bin ehrlich zu mir selbst und schöpfe daraus neue Kräfte.

**Energie-Impuls zu dieser Karte**

Wenn du all deine innersten Kräfte wieder in dein Leben integrieren möchtest, denke daran, dass auch Ehrlichkeit zu diesen Kräften gehört. Sei ehrlich gegenüber deinen Mitmenschen. Spiele keine Rolle, um ein Ziel zu erreichen. Gib nicht vor, jemand zu sein, der du nicht bist, denn auf diese Weise wirst du niemals die Ergebnisse erzielen, die dich wirklich glücklich machen.

Auch wenn es dir anfangs unbequem erscheint, sei so, wie du wirklich bist! Teile dich deinen Mitmenschen so klar und ehrlich wie möglich mit. Achte darauf, dass du aus deiner eigenen inneren Wahrheit heraus agierst, aus der Liebe deines Seins.

Die Zeiten, sich zurück- und manchmal sogar kleinzuhalten, sind vorbei. Verstecke nicht länger dein wahres einzigartiges Sein! Was glaubst du, warum die Quelle allen Seins dich genau so erschaffen hat, wie du bist? Sei stolz auf dich, ehre deine Erfahrungen, dein ganzes Sein. Du brauchst nicht erst ein Ziel zu erreichen, um geliebt zu werden. Alle Liebe des Universums steht dir jederzeit zur Verfügung.

Daher sei ehrlich zu dir selbst und zu deinem Umfeld. Mit einem zu kritischen Selbstbild und mit Anforderungen, die dir scheinbar von außen diktiert werden, in Wirklichkeit jedoch von dir selbst mit erschaffen wurden, begibst du dich in eine Abhängigkeit, die nicht notwendig ist. Sie hindert dich daran, dein ganzes Wesen zu entfalten.

Überlege dir, in welcher Art und Weise du dir jetzt selbst mehr Ehrlichkeit schenken kannst. Je ehrlicher du zu dir selbst bist, desto klarer werden deine Entscheidungen und desto deutlicher wirst du sehen, wohin dein aktueller Weg dich wirklich führt.

Habe den Mut! Verurteile dich nicht für Dinge, die in der Vergangenheit geschehen sind, sondern schau ehrlich und ohne Wertung auf dein eigenes Selbst.

## Empathie

Ich erweitere meine Wahrnehmung und entwickle dadurch mehr Empathie.

**Energie-Impuls zu dieser Karte**

Als menschliches Wesen, das hier auf der Erde lebt, bist du Teil eines größeren Ganzen, denn alle Menschen sind durch die liebende Quelle allen Seins, durch die Energie, die euch alle zum Leben erweckt, miteinander verbunden. Diese Verbundenheit fühlst du mit den einen mehr, mit anderen weniger.

Auch wenn es dir manchmal schwerfällt, die Handlungen anderer Menschen nachzuvollziehen, erlaube dir, deine Wahrnehmung zu erweitern und dich empathisch auf dein Gegenüber einzulassen. Auch er ist ein Mensch mit Wünschen, Hoffnungen und Träumen. Vielleicht hat er in seinem bisherigen Leben vollkommen andere Er-

fahrungen gemacht als du? Vielleicht schließt er deswegen ganz andere Schlussfolgerungen und handelt ganz anders, als du es vielleicht tun würdest.
Um Empathie für andere zu entwickeln, ist es zuerst wichtig, dass du auch dir selbst gegenüber empathisch bist. Schaue dir deine Gefühle genau an, erforsche deine Handlungen, und vor allem hab Mitgefühl und Verständnis für dich selbst. Du weißt, warum du bestimmte Gefühle empfindest und auf Dinge so reagierst, wie du es tust. Akzeptiere dies, auch wenn es Mut erfordert, zu dir selbst ehrlich zu sein und dich mit all dem zu sehen, was in dir ist.
Wenn du es schaffst, dir selbst gegenüber vorurteilsfrei und mitfühlend zu sein, wird es dir leichter fallen auch anderen diese Empathie entgegenzubringen. Du kannst dich dann besser in sie hineinfühlen und mit etwas Übung verstehen, dass auch sie bestimmte Gründe für ihr Verhalten haben. Du verurteilst dein Gegenüber dann nicht mehr leichtfertig, sondern akzeptierst es erst einmal so, wie es gerade ist oder wie es sich verhält. Von diesem Standpunkt aus können sich dann auch neue Lösungen für herausfordernde Situationen ergeben.

## Entscheidung

Ich entscheide mich
jetzt klar für den Weg,
der sich in meinem
Herzen richtig anfühlt.

**Energie-Impuls zu dieser Karte**

Wenn du ganz in deine Kraft kommen möchtest, ist es von Bedeutung, dass du lernst, dich klar und eindeutig zu entscheiden.

Natürlich gibt es viele Dinge, zwischen denen du täglich abwägen musst. Und gerade bei wichtigen und richtungsweisenden Entscheidungen in deinem Leben tust du dich manchmal schwer. Du hast Angst davor, was geschieht, wenn du die vermeintlich »falsche« Entscheidung triffst. Doch was wäre, wenn du wüsstest, dass es gar keine falschen Entscheidungen gibt?

Die meisten deiner Entscheidungen sind nicht unabänderlich und können im Nachhinein an deine Bedürfnisse angepasst werden, wenn du das Gefühl hast, dass da noch etwas fehlt und es in sich noch nicht stimmig ist. Wenn du allerdings zu lange zwischen zwei Möglichkeiten hin- und herschwankst und dich nicht eindeutig entscheidest, wirst du auf der Stelle treten, und Stillstand wird sich einstellen. Du blockierst dich und lässt die Zweifel dein Leben bestimmen. Das raubt dir immense Kraft, da die Energien der beiden Wahlmöglichkeiten an dir ziehen und zerren. Je länger du also eine Entscheidung hinauszögerst, desto mehr Kraft wirst du verlieren. Nimm dir daher bewusst Zeit für dich allein, um endlich eine klare Entscheidung zu treffen. Achte darauf, dass du nicht nur aus dem Verstand heraus entscheidest. Deine Seele spricht mit dir durch dein Herz! Beziehe Verstand und Seele gleichermaßen mit ein, doch lasse am Ende deine klare Entscheidung aus deinem Herzen aufsteigen. Begib dich gedanklich in alle relevanten Situationen, und erspüre innerlich, wie sie sich jeweils anfühlen. Die Situation, die dein Herz weit öffnet und es singen lässt, ist die richtige. Dann atme tief durch, und entscheide dich bewusst.

Du wirst spüren, wie die Last des Zweifels von dir weicht und du gestärkt den Weg gehen kannst, den dein Herz dir weist.

## Entspannung

Ich erlaube mir,
mich jetzt vollkommen
zu entspannen und
loszulassen.

**Energie-Impuls zu dieser Karte**

Es gibt immer Zeiten des Wandels und des Vorwärtsschreitens, doch im Rhythmus des Lebens darf und muss es auch Zeiten der Ruhe und Entspannung geben. Wie beim Wechsel von Ebbe und Flut braucht es daher auch in deinem Leben Momente des Rückzugs, nachdem du über einen längeren Zeitraum durch deinen Alltag gehetzt bist.

Der Druck in dir staut sich auf, bis du dich nahezu daran gewöhnst. Du fühlst den Druck von außen, aber du machst ihn dir auch selbst. Immer schneller und besser möchtest du werden. Du hast das Gefühl, sonst nicht mithalten zu können.

Sei dir bewusst, dass du dich jederzeit von diesem Druck befreien kannst. Es gibt einen Teil von dir, der sich dagegen sträubt, einen Teil, der Angst hat, den »Anschluss« zu verlieren. Doch dieser Teil handelt aus Angst heraus. Das bedeutet, dass er nicht im Einklang mit deiner Seele ist. Deine Seele weiß, dass nur die Handlungen, die aus Liebe und Begeisterung gewachsen sind, wirklich guttun und deinen Seelenweg markieren.
Erlaube dir daher jetzt, dir den Druck zu nehmen. Niemand kann dir das abnehmen, es liegt in deiner Verantwortung. Wenn du bereits bei dem Gedanken an Entspannung spürst, wie dein Körper tief durchatmet, ist es Zeit, ihm diese auch zu gönnen.
Jeder entspannt sich anders, daher horche genau in dich hinein, und frage dich, wie du dich jetzt gerade am besten entspannen könntest. Lasse keine Ausreden deines ängstlichen Anteils gelten, z. B. dass du dir das gerade nicht leisten kannst. Du kannst!
Doch DU musst dich dafür entscheiden! Es gibt über den Tag verteilt immer Zeitfenster, die du als kleine Inseln der Entspannung nutzen kannst. Und vielleicht gibt es auch die Möglichkeit, für längere Zeit zur Ruhe zu kommen. Suche diese, und setze sie um – JETZT!

## Erdenkraft

Ich verbinde mich intensiv mit Mutter Erde und werde durch ihre Kraft unterstützt.

**Energie-Impuls zu dieser Karte**

Wenn diese Karte zu dir kommt, sieh sie als Hinweis an, dich mit den Kräften von Mutter Erde zu verbinden. Du hast dir diesen wunderbaren Planeten mit seiner unglaublich starken und liebenden Energie ausgesucht, um deine jetzigen Erfahrungen machen zu können. Die Erde selbst ist ein Wesen, das über ein Bewusstsein verfügt und zu jeder Zeit in Wechselwirkung mit seinen Bewohnern steht. Auch mit den Menschen ist sie aufs Tiefste verbunden. Vergiss das nicht! In dieser Welt, die sich in technischen Bereichen sehr schnell weiterentwickelt, ist es besonders wichtig, dass du dir ein Gleichgewicht der Energien bewahrst.

Im täglichen Leben gibt es viele Situationen, die dir viel Kraft abverlangen und deine Energien beanspruchen. Wenn du das Gefühl hast, dass du Energie verlierst, sieh dies als Zeichen dafür an, dass du dich mehr erden und mit Mutter Erde verbinden solltest. Sie ist immer für dich da, um dich mit kraftvollen Energien zu erfüllen und dir einen festen Stand im Leben zu ermöglichen.
Begib dich in die Natur, finde deine ganz persönlichen Orte der Kraft, die dir Ruhe und Frieden vermitteln. Nimm Kontakt zur Erde auf – ob du dich dafür auf den Boden legst, dich an einen Baum lehnst oder zum Beispiel deine Füße ins Wasser hältst, ist dir überlassen. Folge deinen intuitiven Impulsen. Öffne dein Herz für das Herz der Natur, das Herz der Erde, und lasse dich von ihrer Energie durchströmen. Lasse Ängste und Sorgen einfach los, indem du sie ausatmest und zurück ins Universum gibst. Nimm dafür lichtvolle und kräftigende Energien der Natur in dich auf, atme sie in deinen ganzen Körper hinein, bis du dich angefüllt fühlst mit der Kraft, die gleichzeitig die deine ist. Vergiss anschließend nicht, dich für diese Energie-Geschenke gebührend zu bedanken.
Mache dies, sooft du dich danach sehnst. Wisse: Du nimmst niemandem etwas weg. Die reichen Energien der Natur stehen dir unbegrenzt zur Verfügung.

## Fokus

Ich richte den Fokus meiner Aufmerksamkeit auf Gesundheit, Liebe, Erfüllung und Freude.

**Energie-Impuls zu dieser Karte**

Stelle dir vor, dass das Universum, in dem du lebst, ein riesiger Raum angefüllt mit unendlich vielen unterschiedlichen Energien ist. Dieses Universum funktioniert nach dem Motto »Gleich und Gleich gesellt sich gern«. Das bedeutet, dass ähnliche Energien immer versuchen werden, sich zu finden und zu verbinden. Sie möchten miteinander in Kontakt treten, um gemeinsam Neues zu erschaffen und noch stärker und größer zu werden. Das Gefühl der Einheit zieht sie gegenseitig an.

Wenn du, als Schöpfer deines Lebens, nun ständig auf das fokussierst bist, was du in deinem Leben NICHT

möchtest, wirst du immer wieder das anziehen, was du im Grunde NICHT willst. Deine Ängste, Zweifel und schweren Gedanken ziehen hinaus ins Universum, um sich zu verbinden, um ähnliche Energien anzuziehen und sie dem Empfänger, also DIR, wieder zurückzubringen.
Überlege dir einmal genau, worauf du dich täglich konzentrierst? Sind es Dinge, die dich glücklich und fröhlich machen? Oder sind es Umstände, die dich traurig stimmen, die dich stressen und dein Herz schwer werden lassen? Bitte werde dir bewusst, dass du in jedem Augenblick die Möglichkeit hast, deinen Fokus zu verändern und dir viel angenehmere und leichtere Umstände zu erschaffen.
Das Universum wertet nicht. Es bringt dir die Energien, die du angefordert hast!
Also, welche Wahl triffst du heute?
Wenn du Dankbarkeit, Glück, Herzlichkeit und Freude aussendest, was wirst du wohl im Gegenzug erhalten? Auch wenn es gerade schwer sein sollte ... richte deinen Fokus immer auf das, was in deinem Leben heil und von Fülle und Glück umgeben ist. Es gibt immer etwas. Dann werden sich deine Lebensumstände nach und nach verbessern, und es werden immer mehr positive Dinge in dein Leben treten.

## Freiheit

Ich befreie mich selbst von meinen einschränkenden Gedanken und Gefühlen.

**Energie-Impuls zu dieser Karte**

Wenn du dich in deinem tiefsten Inneren nach grenzenloser Freiheit sehnst ... Wenn du bei dem Gedanken daran, jederzeit frei entscheiden zu können, ein Jauchzen in deinem Herzen vernimmst, dann ist es Zeit, dass du deine inneren Grenzen lockerst und deine von dir erschaffenen Mauern einreißt.

Ja, du hast richtig gelesen: deine von DIR erschaffenen Mauern! Denn das, was dir manchmal wie ein Gefängnis vorkommt, ist in Wirklichkeit ein Ort, an dem du selbst deine vermeintlich »verrückten« Gedanken und Gefühle versteckst, damit sie sich nicht den Weg in deine äußere Welt bahnen.

Du hast Angst davor, dass sie dich in Schwierigkeiten und die scheinbare Sicherheit deines Lebens ins Wanken bringen könnten. Dabei hast du dir diese »Sicherheit« doch so mühsam aufgebaut, nicht wahr? Also weg mit ihnen an einen Ort, den du vor dir selbst versteckst ...
Aus diesem Grund hast du das Gefängnis um dich herum gebaut. Um sicher zu sein, nicht noch mehr verletzt zu werden und um Gefahren schon im Vorfeld abzuwehren.
Doch Liebes, diese Gefühle IN DIR gehören zu dir, zu deinem ganz eigenen SEIN! Sie machen dich aus, sie formen dich und helfen dir, dich weiterzuentwickeln. Deshalb bist du hier.
Niemand kann die Mauern um dich herum einreißen, nur DU SELBST! Gehe in dein Innerstes, sieh die Mauern, und reiße sie ein! Und fühle, wie dein wunderbares Selbst sich nach und nach wieder entfaltet, wie ein Schmetterling, der aus seinem Kokon schlüpft.
Befreie dich – es ist Zeit!

Wisse: Du bist jederzeit durch die Liebe deiner Seele geschützt!

## Frieden

Ich erschaffe jetzt
Frieden in mir selbst und
lasse diesen auch in die
Welt hinausfließen.

**Energie-Impuls zu dieser Karte**

Schon ein einziger friedlicher, liebevoller Gedanke hat enorme Ausstrahlungskraft.

Genauso wie bei einer kleinen Blume, die durch den Asphalt bricht, steckt dahinter eine ungeheure Energie. Eine Kraft, die sich ausbreiten und unglaubliche Wendungen mit sich bringen kann.

Wenn du das Gefühl hast, dass es in der Welt und um dich herum nur so vor aggressiver Energie brodelt, dass es Auseinandersetzungen gibt, die dich aus dem Gleichgewicht bringen, dann halte inne.

Du musst dich von dieser Energie nicht anstecken und zu unüberlegten Handlungen und Worten hinreißen

lassen. Du hast jederzeit die Wahl, in dir, in deinem Herzen, die Energie des Friedens zu aktiveren.
Frieden ist eine stille, aber intensive Kraft. Sie wird ohne großen Aufwand hervorgebracht. Im Gegenteil: Sie wird aus der Ruhe geboren, der du dich jederzeit zuwenden kannst.
Entscheide dich für Frieden in dir. Entscheide dich für friedliche Lösungen, egal, worum es sich handelt.
Es gibt Momente, in denen nur Frieden alles entwirren kann. Friedlich zu sein bedeutet nicht, nicht für seine Überzeugungen einzustehen. Es bedeutet nur, erst einmal innezuhalten und sich ohne Gewalt dem Fluss des Lebens hinzugeben. Du musst nicht alles kontrollieren. Das Leben selbst wird Lösungen präsentieren, sobald der Boden dafür geschaffen wurde.
Atme tief durch, und finde den Ort des Friedens in deinem Herzen.
Beruhige dein Sein, strahle den Frieden nach außen aus, und warte ab, was geschieht.
Niemand kann dich angreifen, wenn du im Frieden bist. Dein Gegenüber findet dann keinen Mitstreiter, und ohne ihn wird ihm ein solches Spiel nicht sehr lange Spaß machen.

## Fülle

Das Universum hält einen immerwährenden Strom der Fülle für mich bereit.

**Energie-Impuls zu dieser Karte**

Fülle in allen nur erdenklichen Lebenslagen ist etwas, was dir zur Verfügung steht, sobald du es dir selbst zugestehst. Verurteile dich nicht, wenn du derzeit in manchen Bereichen einen Mangel erlebst. Dies bedeutet lediglich, dass es in dir noch Anteile gibt, die glauben, dass du es nicht wert bist und dass Fülle und Reichtum nur anderen und nicht dir zur Verfügung stehen. Wenn du dich dafür verurteilst, wirst du nur noch tiefer in den Sog des Mangels hineingeraten.

Daher habe Verständnis für dich, wenn du dir bisher unbewusst schwere Zeiten erschaffen hast, und fange an, dir selbst Liebe und Mitgefühl zu schenken.

Das Universum hält in der Tat einen immerwährenden Strom der Fülle für dich bereit – sobald DU bereit bist! Fülle bedeutet Liebe, Lachen, Freiheit, Spaß, Unabhängigkeit und Frieden. Fülle bedeutet, dass du voller Liebe auf die Welt und die Menschen blickst und die Schönheit, die Vielfalt und die Einzigartigkeit darin und in ihnen entdeckst. Es ist Fülle, wenn du in den Spiegel siehst und darin ein Wesen erblickst, das es wert ist, geliebt zu sein und das die wunderbarsten Dinge auf dieser Welt entdecken darf. Die Fülle beginnt dann, sich verstärkt ihren Weg zu dir zu bahnen, wenn du deine Aufmerksamkeit auf sie lenkst. Das kann der Reichtum dieser Welt sein, den du ohne Missgunst und Neid erkennen kannst. Das können all die wunderbaren Anteile deines Selbst sein, die du wahrnimmst und wertschätzt.
Und eines Tages wirst du erkennen, dass sich IN DIR ein Magnet für die Fülle befindet, der all das, was du dir wünschst, in dein Leben bringt.
Dann wird dir bewusst, dass dieser Magnet nichts anderes ist als dein bedingungslos liebendes Herz!

## Geduld

Ich habe Geduld und weiß, dass alles zur rechten Zeit in mein Leben tritt.

**Energie-Impuls zu dieser Karte**

Eine der stilleren Kräfte ist die Geduld. Still deshalb, weil sie nicht mit wehenden Fahnen durch dein Leben rauscht, sondern im Stillen ihre größte Kraft entfaltet. Denn es ist so: Ungeduld breitet sich immer dann aus, wenn du zu wenig Vertrauen in den Fluss deines eigenen Lebens hast. Immer dann, wenn dein Verstand sich einmischt und die Dinge gern sofort ins Rollen brächte, weil du Angst hast, sonst etwas zu verpassen oder zu vergessen.

Wie du siehst, ist – wie so oft – auch hier die Angst ein schlechter Ratgeber. Geduld wächst aus Vertrauen und Liebe. Wenn du Geduld entwickelst, weißt du inner-

lich einfach, dass du als Schöpfer die Verantwortung für dein Sein und alles hast, was sich darin befindet. Du bist dir dessen bewusst, dass du mit der Liebe der Quelle allen Seins immer sicher und geborgen bist. Warum also Ängsten und Sorgen einen Platz geben?
Du kannst dich innerlich auf das ausrichten, was dir erstrebenswert erscheint, auf das, was dich innerlich zum Lächeln und Strahlen bringt. Beschäftige dich mit all dem, was sich in deinem Herzen gut anfühlt. Lasse alles andere außer Acht.
Und dann erlaube dem Universum, zu wirken. Manchmal müssen erst viele Dinge zusammengebracht werden. Dann dauert es eine Weile, bis sich alles fügt.
Doch wisse: Alles wird genau zum richtigen Zeitpunkt bei dir sein. Andernfalls wäre es schlicht und einfach nicht der richtige Zeitpunkt! Du hast dein eigenes Tempo und dein eigenes einzigartiges Leben.
Daher entspanne dich! Vertraue jetzt dem Fluss deines Lebens. Sei geduldig, und freue dich auf all das, was jetzt noch kommen mag. Es warten wunderbare Überraschungen auf dich, versprochen!

## Gelassenheit

Ich nehme einen tiefen
Atemzug und übe mich
in Gelassenheit.

**Energie-Impuls zu dieser Karte**
Kennst du das Sprichwort »In der Ruhe liegt die Kraft«? Diese wahren und weisen Worte wollen wir dir heute besonders ans Herz legen. Denn in Hektik zu verfallen oder dich über Umstände, Dinge und Menschen in deinem Leben zu sehr zu ärgern, bringt dich nicht weiter.
Wenn du fühlst, dass Hektik, Ärger oder Wut in dir aufkommen, schaue dir diese Empfindungen an, nimm sie zur Kenntnis, und lasse sie für einen Moment zu, damit du die Anspannung in dir loslassen kannst.
Da es dir und deinem Umfeld nicht zuträglich wäre, wenn du länger in dieser Energie verweilst, nimm im Anschluss mehrere tiefe Atemzüge, und bringe dich zurück

in deine Mitte. Übe dich in Gelassenheit. Aber Achtung: Verwechsle Gelassenheit nicht mit dem Herunterschlucken oder Verdrängen von Gefühlen oder Emotionen. Wenn du dich dafür entscheidest, eine gelassene Haltung einzunehmen, wechselst du im Grunde nur in eine beobachtende Haltung, in der du nicht mehr bewertest. Du hast oftmals nicht alle notwendigen Informationen und nicht die nötige Perspektive, um eine Situation bezüglich ihres Sinns bewerten zu können. Du weißt nicht, ob in dem gerade Erlebten nicht doch ein Geschenk versteckt sein mag. Fakt ist, dass du dort, wo du gerade bist, mit dem, was du gerade erfährst, genau richtig bist – sonst wärst du nicht dort. Vertraue dem Augenblick. Wenn es etwas gibt, was du aktuell verändern kannst, damit eine Situation oder Sache für dich angenehmer wird, dann tue es. Wenn es offenkundig nichts gibt, atme bewusst, und bleibe gelassen. Lasse die Situation sich entwickeln, und lasse die Lösung von alleine kommen. Im Übrigen wird eine Lösung schneller kommen, wenn du nicht mehr verärgert und verkrampfst bist, sondern eine gelassene und offene Ausstrahlung hast. Gelassenheit bringt dir inneren Frieden zurück und hilft bei der Annahme deiner Herausforderungen. Also atme entspannt, und lasse los.

## Heilung

Alle meine Zellen,
mein Körper, meine Seele
und mein Geist sind
gesund und heil.

**Energie-Impuls zu dieser Karte**

Egal, welche Teile deiner Gefühlswelt oder deines Körpers sich gerade in Disharmonie befinden, wisse, dass in dir in jedem Augenblick der Schlüssel zur Heilung liegt.
Du – und auch die Menschen in deinem Umfeld – hast dir gesundheitliche Herausforderungen auf der Seelenebene erschaffen, um daran zu wachsen und Erfahrungen zu machen, die dir wichtig sind.
Übernimm Verantwortung für das, was dir gerade geschieht, und du wirst die Zusammenhänge erkennen. In dieser Erkenntnis steckt ein großes Geschenk! Denn wenn du selbstverantwortlich bist, kannst du selbst Veränderung herbeiführen.

Du erschaffst aus vielen unterschiedlichen Gründen Disharmonien in deinem Denken, deinem Fühlen und schlussendlich auch in deinem Körper – in Form von Unwohlsein und Krankheiten. All das geschieht immer nach dem Gesetz von Ursache und Wirkung. Verändere dein Denken und Fühlen (Ursache), und du wirst Heilung (Wirkung) erfahren.
Heilung kann immer dann geschehen, wenn du dir selbst erlaubst, dich nicht länger schuldig, minderwertig oder ungeliebt zu fühlen. Verständnis, Wertschätzung und Liebe stehen dir immer zur Verfügung, wenn du dich dafür entscheidest. Die Quelle allen Seins verurteilt dich für nichts, was in deinem Leben geschieht, daher löse auch du dich davon. Lasse Liebe und Wertschätzung für dich selbst in deinem Innersten aufflammen. Lasse deine Herzensenergie jede einzelne Zelle deines Körpers und deines ganzen Seins fluten. Der Strom der Liebe spült die Disharmonien aus dir heraus und bringt pure Harmonie mit sich, die sich in dir wie ein Lauffeuer ausbreiten wird. Man nennt diese Energien auch Selbstheilungskräfte.
Die Heilung geschieht durch Liebe – durch sie wird das, was schmerzt und dich bisher blockiert hat, gehen.

## Herzkraft

Ich vertraue der weisen
Kraft meines Herzens,
die mich liebevoll führt.

**Energie-Impuls zu dieser Karte**

Eine der mächtigsten Kräfte deines Lebens befindet sich in deinem Herzen: dein spirituelles Herz, das untrennbar mit deiner Seele verbunden ist, das eine eigene Weisheit besitzt und dich, immer wenn du zuhörst, liebevoll leitet und führt.

Vielleicht hast du in letzter Zeit verlernt, genauer darauf zu hören, was dein Herz dir sagt? Wir wissen, dass es nicht immer einfach ist. Und doch ist es das, was du brauchst, um voll in deiner Kraft zu stehen: dein weises, liebendes Herz, das deine Gedanken, Gefühle und Handlungen steuert, damit du in dir selbst und auch in deiner Welt ein erfülltes Leben und Sein manifestieren kannst.

Dein spirituelles Herz, das dein physisches Herz umschließt und direkten Kontakt zur Quelle allen Seins hat, ist ein kraftvoller Sender und Empfänger von bedingungsloser Liebe. Die Energie, die sich dadurch verströmt, erschafft Wunder, wenn du es zulässt.
Mache dir keine Gedanken darüber, warum sich etwas einerseits in deinem Herzen so stimmig anfühlen und doch von deinem Verstand nicht wirklich verstanden werden kann. Der Verstand sieht nur eindimensional, das Herz hingegen kann auf viele verschiedene Ebenen blicken, die für dein Leben wichtig sind.
Stimme dich täglich auf die Energie und die Weisheit deines Herzens ein. Bitte um Klarheit, Inspiration und Führung durch dein Herz. Es interagiert in verschiedenster Form mit dir. Finde deine ganz eigene Kommunikation mit ihm – mit der Weisheit deines Herzens. Es wird dich niemals fehlleiten oder im Stich lassen. Vertraue ihm, denn es sieht so viel mehr, als dir im Augenblick bewusst ist. Zu einem späteren Zeitpunkt wirst du die Wege, die es dir weist, richtig verstehen können. Dann wird sich dir ihr Sinn erschließen. Bis dahin übe dich in Vertrauen.

## Intuition

Ich bin offen dafür,
die intuitiven Impulse
meiner Seele jederzeit
wahrzunehmen.

**Energie-Impuls zu dieser Karte**

Du wunderbarer Mensch bist dir noch zu oft nicht bewusst, welche eindrucksvollen Kräfte eigentlich in dir schlummern.

Suche deine Antworten nicht im Außen, suche sie nicht bei anderen Menschen, bei Institutionen oder Lehrern. Du bekommst dort vielleicht wichtige Hinweise und Impulse, aber vergiss bitte nicht, dass du ein Teil der Quelle allen Seins bist und jederzeit die Möglichkeit hast, das Wissen des Universums auch aus dir selbst heraus zu schöpfen. Die Bibliotheken des Bewusstseins stehen denen zur Verfügung, die danach fragen und sich diesem Wissen öffnen.

Durch deine Intuition bist du in der Lage, alles zu erfahren, was für dich gerade wichtig ist. Intuitive Impulse kommen zu dir in Form von inneren Gedanken, Bildern und Gefühlen. Lerne, ihnen wieder zu vertrauen. Wenn sie lange ungenutzt waren, braucht es vielleicht eine Weile, bist du wieder offen genug bist, sie klar wahrzunehmen. Aber wisse: Es lohnt sich, deine Intuition erneut zu schulen, denn nichts ist eindeutiger und wichtiger für dich als die Antworten aus deinem eigenen Inneren.

Wenn es Dinge in deinem Leben gibt, auf die du schon länger eine Antwort suchst, sende deine Frage hinaus ins Universum. Bitte darum, dass das Wissen, wie du mit der aktuellen Situation umgehen kannst, zu dir kommen mag. Zweifle nicht daran, dass du es wert bist oder dass du die Fähigkeit hast, die Antwort auch zu erhalten. Gehe davon aus, dass deine Frage beantwortet wird. Lasse los, und widme dich wieder anderen Dingen. Das Universum wird einen Weg finden, dir die Antwort zukommen zu lassen. Sei offen dafür! Und auch wenn der intuitive Impuls, den du erhältst, ungewöhnlich erscheint, folge ihm, und sieh, was sich daraus ergibt. Manche Dinge sind mit dem Verstand nicht greifbar, doch dein Herz und deine Intuition werden dich sicher leiten. Vertraue dir und deiner Seele!

## JA

Ich sage JA zu mir,
meinem einzigartigen
Selbst und meinen
Entscheidungen.

**Energie-Impuls zu dieser Karte**

Diese Karte ist ein klares Zeichen für dich, jetzt Ja zu sagen. Es wird gerade jetzt Situationen in deinem Leben geben, in denen du aufgefordert bist, genau nachzuspüren, in welche Richtung du gehen möchtest – ob du dich für oder gegen etwas entscheiden solltest. Dieses Ja unterstützt dich in allen Belangen.

Es ist ein JA zu DIR SELBST, zu DEINER Weiterentwicklung, damit DU dich wohl- und sicher fühlen kannst. In einem klaren JA, das du aussendest, steckt eine große Kraft, die dir neue Türen öffnen und neue Erfahrungen bescheren kann.

Du zögerst nicht mehr länger, sondern wirst von der Energie des Ja beseelt. Dieses Ja trägt dich in die Lüfte und bringt die Dinge in Bewegung. Alles um dich herum darf und wird sich nach deinem Ja neu ordnen und ausrichten.
Deine Entscheidungen sind wie Energiewirbel, die in die Welt und ins Universum hinausfließen, um die Menschen und Erlebnisse zu dir zu führen, die zu diesem Ja passen. Darum ist es so wichtig, dass dieses Ja immer einen Bezug zu dir hat. Denn manchmal ist ein Ja zu dir ein Nein zu jemand anderem.
Verwechsle dieses Ja nicht damit, dass dir jemand im Außen eine Entscheidung abnimmt! Es geht darum, dass du als selbstverantwortlicher Schöpfer deines Lebens in erster Linie Ja zu dir selbst sagst. Dieses Ja ermächtigt dich und sollte aus deinem tiefsten Inneren kommen – wie ein Feuer, das sich seinen Weg bahnt und durch dein Herz hinaus in die Welt fließt.
Wenn du JA zu dir selbst sagst, wird die Welt dir antworten – und zwar mit einem ebenso eindeutigen JA!

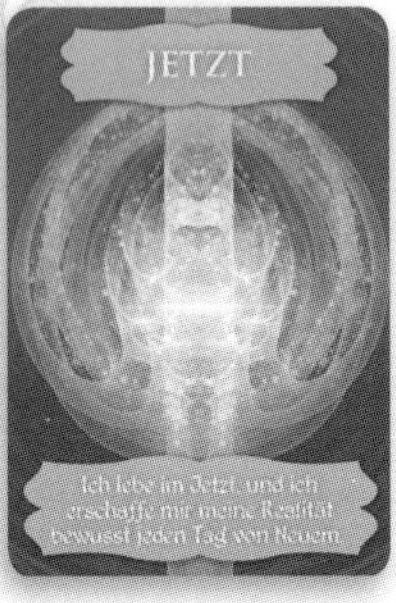


## Jetzt

Ich lebe im JETZT,
und ich erschaffe mir
meine Realität bewusst
jeden Tag von Neuem.

**Energie-Impuls zu dieser Karte**
Deine Vergangenheit ist vergangen und deine Zukunft noch nicht im Detail geschrieben. Und doch lebst du immer wieder in den Gedanken an das, was war, und an das, was sein könnte.
Vergisst du dabei nicht etwas? Was ist mit deinem JETZT? Wer bist du JETZT in diesem Augenblick? Wer möchtest du sein, und was möchtest du wirklich tun?
Es gibt nur einen Ort der Kraft, der für dich wichtig ist: dein Hier und JETZT!
Lasse die Bilder deines Lebens, die von dir bisher bemalten Leinwände, ruhen, und konzentriere dich auf eine frische, neue und leere Leinwand. Nimm die Far-

ben deiner Seele, tauche den Pinsel ganz tief in die unendlichen Möglichkeiten, und male und erschaffe NEU! Die Visionen und die damit verbundenen Gefühle, die du heute hast und denen du heute deine Aufmerksamkeit schenkst, werden dir dein Morgen bescheren, werden deine Zukunft schreiben. Du bist dabei ein machtvoller Sender und Magnet. Alles, was du mit der Energie deines Seins hinaus ins Universum sendest, sucht sich ähnliche Energien, um gemeinsam mit den Geschenken deines Lebens zu dir zurückzukehren.
Besinne sich auf das Hier und Jetzt. Und wenn du Gedankenspiele wie »Was wäre, wenn...« spielen möchtest, dann fokussiere dich dabei auf deine höchsten Potenziale und Wünsche! Träume positiv, groß und mächtig! Lasse die kleinen, angstvollen Gedanken und Szenarien los. Sie lenken dich nur von deinem eigenen wunderbaren Sein ab, du brauchst sie nicht.
Und? Wie sieht dein JETZT gerade aus? Welche wunderbaren Gedanken dürfen heute durch deinen Geist strömen?!

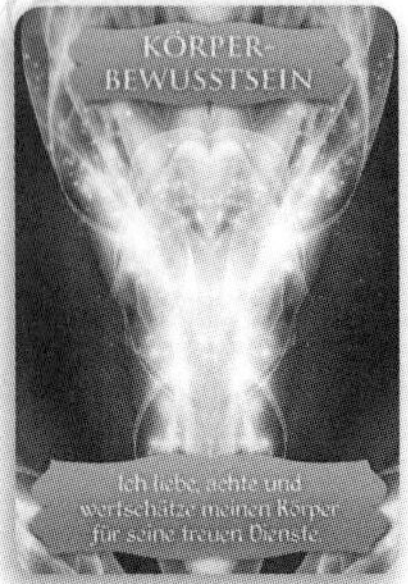


## Körperbewusstsein

Ich liebe, achte und wertschätze meinen Körper für seine treuen Dienste.

**Energie-Impuls zu dieser Karte**

Nimm bitte einen beruhigenden, tiefen Atemzug ...
Und dann noch einen...
... fühle, wie dein Körper die Energie des Lebens in sich hineinströmen lässt, wie deine Zellen mit neuer Kraft erfüllt werden und mit dem Ausatmen das abgeben, was du nicht mehr benötigst.
Dein Körper ist ein Wunderwerk, das es verdient hat, von dir wertgeschätzt und geliebt zu werden. Er dient dir in diesem Leben auf unbeschreibliche Weise. Er ermöglicht dir, auf dieser Erde überhaupt zu existieren und all das zu erleben, was dir tagtäglich begegnet. Wie könntest du ohne ihn die Schönheit deiner Welt

erblicken? Er gibt dir Hände, um einen geliebten Menschen oder ein Tier berühren zu können, um deine Liebe und Zärtlichkeit zu teilen. Er lässt dich die Speisen des Lebens kosten, in all ihrer Süße, Schärfe und in verschiedener Konsistenz und Form. Er lässt dich Freude in deinem Herzen fühlen, wie auch Schmerz. Er ist Ausdrucksmittel für deine Seele, die dir durch Wohl- oder Unwohlsein Botschaften übermittelt.

Achte deinen Körper, sei ihm dankbar für all diese unentbehrlichen Dienste. Kommuniziere mit ihm. Er besitzt ein eigenständiges Bewusstsein. Frage ihn, was er gerade braucht – er wird dir antworten!

Möchte er sich ausruhen? Oder sehnt er sich danach, sich mehr zu bewegen? Was könnte ihm/dir Spaß machen? Versorgst du ihn genügend mit Wasser, seinem Lebenselixier?

Gönne ihm Phasen der Entspannung, denn er muss zwischendurch auftanken. Gib ihm gesunde und nahrhafte Speisen, und zelebriere deine Mahlzeiten. Sei mitfühlend mit ihm, wenn es an manchen Tagen nicht so schnell oder perfekt geht, wie du es gewohnt bist. Schenke ihm – und somit dir selbst – Liebe und Zärtlichkeit. Er wird es dir mit Gesundheit und Wohlbefinden danken.

## Lebensfreude

Ich öffne mich der Freude und fühle, wie mein Leben leichter und schöner wird.

**Energie-Impuls zu dieser Karte**

Wusstest du, dass Energien, die von tiefer Freude, ansteckendem Lachen und Humor hervorgerufen werden, eine überaus kraftvolle und heilende Wirkung haben? Sie sind ein wertvolles Geschenk des Universums!

Wir Drachen lieben es, zu lachen und uns der Freude vollkommen hinzugeben. Wenn du lachst, lösen sich Verkrustungen und Verhärtungen in deinem Körper und in deinen Gedanken und Gefühlen. Lachen ist purer Balsam für dich und deine Seele.

Wann hast du das letzte Mal von Herzen gelacht? Was gibt es, das deine Lebensfreude so richtig aktiviert? Sorge dafür, dass kein einziger Tag vergeht, an dem du nicht

wenigstens einmal herzlich gelacht, dir selbst eine Freude gemacht oder deinen Fokus auf etwas gelenkt hast, was dich in Kontakt mit deiner Lebensfreude bringt.
Gerade jetzt, wo du diese Karte in den Händen hältst, möchte sich diese Energie wieder vermehrt ihren Weg in dein Leben bahnen. Löse dich von zu viel Anstrengung, in welcher Situation auch immer.
Du hast die Macht in dir, dich dem Leben in Freude zuzuwenden. Nutze sie! Suche Möglichkeiten, die freudvollen Momente in deinem Leben zu vermehren, aber mache sie nicht von etwas im Außen abhängig. Glaube nicht, dass du, wenn du mehr Geld, mehr Freizeit oder mehr Freunde hast, auch mehr Lebensfreude empfindest. Begib dich aus der Situation, in der du gerade bist, heraus in die Freude. Wache auf, und blicke dich um: In welcher Art und Weise kannst du deine Lebensfreude jetzt aktivieren? Manchmal ist es nur ein kleiner Perspektivenwechsel, manchmal die innere Entscheidung, sich von etwas zu lösen, was einem nicht guttut. Glaube uns, es gibt immer Momente der Freude, die darauf warten, von dir entdeckt zu werden. Es gibt immer Dinge, die dich zum Lachen bringen können. Erlaube dir, dich leicht zu fühlen, und spüre, wie wir Drachen dir gerade jetzt Freude in dein Herz pusten!

## Leichtigkeit

Ich entscheide mich jetzt dafür, dass mein Leben unbeschwert und leicht sein darf.

**Energie-Impuls zu dieser Karte**

Egal, ob du dir dessen bewusst bist oder nicht, du bist zu jeder Zeit ein mächtiger Schöpfer. Du selbst entscheidest, welchen Gedanken und Gefühlen du in deinem Leben Macht verleihst. Du hast in jedem Augenblick die Wahl, erinnere dich!

Es haben sich schwere, wütende und auch kummervolle Gedanken in dir breitgemacht, die dich im wahrsten Sinne des Wortes beschweren, wenn du ihnen weiter nachhängst und immer mehr von diesen schweren Gedanken und Energien an dich bindest. Wie in einem schweren Rucksack sammeln sich immer mehr von diesen Energien, und du schleppst sie durch dein Leben.

Wenn du das nicht möchtest, wenn du bereit bist, jetzt etwas zu ändern, dann sage innerlich STOPP! Fälle eine klare Entscheidung! Entscheide dich hier und jetzt für Leichtigkeit! Jeder Schöpfung geht eine Entscheidung, eine Wahl voraus, und diese trifft jeder Mensch selbst. Sogar wenn er seine Macht an andere abgibt, ist dies eine Wahl. Daher: Gehe in deine Kraft, und wähle weise! Stecke alle alten beschwerenden Gedanken und Gefühle in den Rucksack, und dann lege ihn ab. Lasse ihn einfach liegen, lasse ihn hinter dir. Er wird zu Staub zerfallen, sobald er nicht mehr durch deine Energie gestärkt wird.
Und dann nimm einen tiefen Atemzug, und wende dich dem Licht zu. Öffne deine Augen, deine Gedanken und Gefühle für die Schönheit des Lebens. Atme Leichtigkeit, und überlege dir, in welchen Lebensbereichen du es dir selbst jetzt leichter machen kannst. Es gibt unzählige Möglichkeiten. Du darfst dafür auch auf die Hilfe anderer zurückgreifen. Sobald du damit anfängst, Leichtigkeit in dein Leben zu bringen, und beständig dabeibleibst, wird mehr Leichtigkeit zu dir kommen. Dann ziehst du Menschen und Situationen an, die es dir noch leichter machen, die dich zum Lachen und zum Strahlen bringen, denn dafür bist du im Grunde hier! Beginne jetzt!

## Liebe

Liebe durchströmt mich,
Liebe ist überall in mir
und um mich herum.

**Energie-Impuls zu dieser Karte**

Bedingungslose Liebe ist der Stoff, aus dem das Universum, in dem du lebst, gemacht ist. Liebe ist eine pure Energie, die in allem Leben verankert ist und diesem erst seine Existenz ermöglicht. Liebe nimmt an und verströmt sich ständig, ohne zu bewerten oder etwas zu verlangen. LIEBE IST!

Die Energie, die wir Liebe nennen, ist die wahre Macht und Stärke des Seins, denn nichts ist so rein wie sie. An ihr perlen Hass, Wut, Neid und viele andere niedere Beweggründe einfach ab und – sie ist unzerstörbar.

Liebe ist überall dort, wo du mit deinem Herzen hinblickst. Egal, was du glaubst, was dir gerade fehlt, die

Energie der Liebe wird es ausgleichen und erfüllen. Sie wird DICH erfüllen, bis du das Gefühl hast, vor Glück zu platzen. Dann ist der Moment gekommen, das »Zuviel« weiterzugeben und andere damit im wahrsten Sinne zu beglücken.

Spüre in dein Herz, und fühle die Flamme der Liebe darin lodern. Lasse sie wachsen. Spürst du, wie es in dir kribbelt und pulsiert? Stelle dich in das Feuer der Liebe. Fühle, wie es deinen ganzen Körper durchströmt, in jeden kleinsten Winkel, wie es deine Zellen erfüllt mit Gesundheit, Harmonie und Glück!

Alle deine Gedanken und Gefühle werden ebenfalls von diesem Feuer angesteckt, und du fragst dich, wie du jemals anders als liebevoll von dir selbst denken konntest. Alles, was sich nicht gut anfühlt, wird vom Feuer der Liebe geschmolzen und fließt nun als flüssige Liebes-Lava-Kraft durch dich hindurch!

Öffne deine Arme, und sieh, wie du zu einem Leuchtfeuer der Liebe wirst! Jeder, der mit dir in Kontakt kommt, wird von diesem Feuer angesteckt. Und du selbst wirst zum Magnet für Liebe in jeglicher Form.

Genieße diesen Zustand, und lasse ihn immer wieder in dir auflodern. Für DICH und deine Welt!

## Meisterselbst

Ich handle aus dem Bewusstsein meines inneren Meisters heraus.

**Energie-Impuls zu dieser Karte**

Herzlichen Glückwunsch!

Mit dem Ziehen dieser Karte erhältst du uneingeschränkten Zugang zu deinem Meisterselbst. Kleiner Scherz, denn den hattest du eigentlich ja schon immer ...

Verzeih uns diesen kleinen Spaß – wir lieben es zu lachen und das am liebsten laut! Manchmal ist Auflockerung wichtig.

Wisse: Du bist ein einzigartiges, starkes, liebenswertes und äußerst talentiertes Wesen! Dass du jederzeit Zugang zu diesem Meisterselbst hast, hast du nur vergessen – zugeschüttet mit Gefühlen der Ohnmacht und des Selbstzweifels. Auch diejenigen von euch, die in ihrer Entwicklung schon einige Schritte weiter sind, können die Kraft, mit der ihr wunderbares Selbst zum Vorschein kommt, mit Sicherheit noch verstärken.

Also, egal, was du gerade durchlebst, was dir im Alltag begegnet oder welche Entscheidungen du treffen musst: Frage dich, wie der MEISTER IN DIR sich verhalten würde. Sieh ihn als Ratgeber, Vertrauten und Lehrer! Sieh, wie er aus dir heraustritt, und stelle dir vor, wie er in der aktuellen Situation auftreten würde. Manchmal lässt er seine Kraft walten und setzt längst fällige Grenzen. Ein anderes Mal wählt er vielleicht weise den Rückzug, um keine unnötige Angriffsfläche zu bieten, die nur zu unfruchtbaren Auseinandersetzungen führen würde.

Er ist immer für dich da, du kannst ihn niemals zu sehr in Anspruch nehmen. Gewöhne dir an, mit ihm zu arbeiten. Je mehr und je öfter, desto besser. Er ist souverän, liebend, stark und gerecht. Und er leitet und lehrt dich. Eines Tages wirst du bemerken, dass ihr eins seid und du direkt aus deinem Meisterselbst heraus wirkst – dann wirst du in deiner ganzen Kraft und Macht stehen, und unsere Drachenherzen werden jubeln!

## Mut

Ich habe jetzt den Mut, voller Vertrauen meinem Herzen und meinen Visionen zu folgen.

**Energie-Impuls zu dieser Karte**

Du bist ein großartiges Wesen. Du bist ein talentierter und einzigartiger Mensch.

Wenn du dich mit unseren Augen, mit denen der Drachen und mit denen deiner wissenden Seele, sehen würdest, wärst du in keiner Minute deines Lebens mehr ängstlich oder unsicher.

Du bist hier, um zu lernen, wie wunderbar du bist und welche Möglichkeiten dir als Schöpfer deines Lebens wirklich zur Verfügung stehen.

Du hast so viele Träume und Ideen, die aus deinem Herzen strömen. Es braucht nur einen einzigen Schritt, um zu starten. Es ist ein kleiner, aber bedeutender

Schritt. Es ist ein Schritt, der Mut erfordert, da du noch nicht weißt, wohin er dich führen wird – zum Erfolg oder vielleicht doch in eine Sackgasse?!
Was glaubst du, wo dein Wunsch geboren wurde? Wenn er tief aus deinem Herzen entsprungen ist, dann sei dir bewusst, dass er direkt von deiner Seele stammt! Glaubst du, deine Seele würde dich in die Irre führen? Nein – niemals!
Deine Seele möchte in Liebe und mit Freude erschaffen. Du bist der Ausdruck deiner Seele. Sie braucht dich, um all die bezaubernden Träume auf der Erde zu verwirklichen. Ohne dich geht es nicht, DU BIST ein Teil deiner SEELE!
Daher blicke neugierig in dein Herz, und höre genau hin, was es dir sagt! Wenn es sich richtig anfühlt, dann nimm einen tiefen Atemzug, der dich mit so viel Mut anfüllt, wie du brauchst, um den ersten Schritt zu tun. Und dann gehe ihn! Mutig und neugierig! Deine Seele wird nicht zulassen, dass du fällst.
Deine Seele wird dir Flügel verleihen – vertraue ihr – vertraue dir!

## NEIN

Mein NEIN zu anderen
ist ein JA zu mir selbst.

**Energie-Impuls zu dieser Karte**

Du liebst deine Familie und deine Freunde. Du hast ein großes Verantwortungsbewusstsein, willst für alle da sein und alle Aufgaben deines Lebens unter einen Hut bringen. Es allen Menschen in deinem Umfeld recht machen zu wollen, hat dich jedoch schon oft in Situationen gebracht, in denen du selbst zurückstehen musstest. Dies ist ein schleichender Prozess, bei dem deine Bedürfnisse immer weiter vernachlässigt werden, bis du selbst gar nicht mehr richtig weißt, welche Bedürfnisse du überhaupt hast. Dein eigenes Sein gerät ins Abseits und wartet doch die ganze Zeit darauf, dass du es endlich wieder wahrnimmst.

Du kannst niemals in deiner ganzen Kraft stehen, wenn du dich nicht um dich selbst kümmerst. Es spielt dabei keine Rolle, was andere für dich tun. Es kommt nur darauf an, was DU für DICH tun kannst.
Daher lerne, Nein zu sagen!
Denn dieses Nein ist ein klares JA zu dir selbst. Mit diesem NEIN setzt du kraftvoll einen Punkt, der sagt: Bis hierher und nicht weiter. Du hörst wieder darauf, was dein Herz dir sagt. Du bist dir selbst wichtig. Und du weißt, dass du manchmal Nein sagen musst, um selbst wieder zu Kräften zu kommen.
Wenn du sehr lange Zeit immer nur JA gesagt hast, wird ein NEIN deine Mitmenschen vielleicht zuerst erschrecken und erstaunen, denn sie werden es nicht gewohnt sein. Zeige ihnen, dass dieses NEIN jetzt auch zu dir gehört. Erkläre ihnen ruhig, warum du Nein sagst. Verdeutliche ihnen, dass es für dich wichtig ist, deine eigenen Kräfte wieder zu stärken und zur Ruhe zu kommen.
Wenn sie dich lieben und respektieren, werden sie es verstehen. Wenn sie es noch nicht verstehen, werden sie es lernen. Dein ICH möchte gehört, gesehen und geliebt werden – von DIR! Du entscheidest über dein Leben, niemand sonst.
Denn du bist es wert!

## Reinigung

Ich reinige mich innerlich und lasse alte Gedanken, Gefühle und Energien jetzt los.

**Energie-Impuls zu dieser Karte**

Um in deine klare schöpferische Kraft zu gelangen, ist es wichtig, dich von Zeit zu Zeit von alten Energien, die sich in deinem Körper und in deinem Geist angesammelt haben, zu reinigen.

Diese Zeit ist JETZT!

Alte, überholte Energien verstopfen dein System und schmälern deine Kräfte. Das muss nicht sein!

Folgende Übung kann dir helfen, dich von ihnen zu befreien: Stelle dich unter die Dusche. Während das Wasser alle Anhaftungen von deinem Körper spült, stelle dir vor, dass auch alte, nicht mehr aktuelle Gedanken und Gefühle, mit denen du dich nicht mehr verbunden

fühlst, aus deinem System gespült werden. Alte Bildnisse deines Selbst dürfen jetzt gehen und Platz machen für das machtvolle Wesen in dir!
Du kannst dich auch in einer Meditation unter einen erfrischenden Wasserfall stellen und dir vorstellen, wie all das, was nicht mehr zu dir gehört, nun geht und wie du durch das Wasser erfrischt und mit neuer Energie angefüllt wirst.
Vielleicht genügt das bereits. Ein anderes Mal wirst du vielleicht spüren, dass eine tiefer greifende Reinigung vonnöten ist. Informiere dich über alternative Möglichkeiten, deinen Körper von innen zu reinigen. Schenke ihm viel frisches, klares Wasser, das ihm hilft, Altes aus deinem Körper zu transportieren.
Denke daran, dass Ordnung und Sauberkeit in deinem wohnlichen oder beruflichen Umfeld ebenfalls sehr wichtig sind. Belaste dich nicht mit zu vielen Dingen, die dein Energiesystem nur verstopfen. Räume auf, und spüre, wie du nach und nach immer besser durchatmen kannst und nun auch Platz für all die neuen Energien in deinem Leben hast!

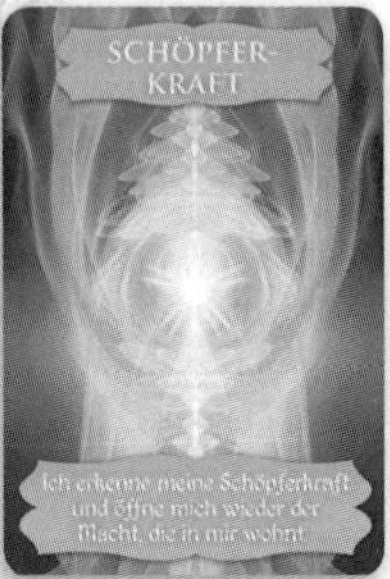


## Schöpferkraft

Ich erkenne meine Schöpferkraft und öffne mich wieder der Macht, die in mir wohnt.

**Energie-Impuls zu dieser Karte**

Du wundervolles Wesen, du machtvoller Schöpfer deines Lebens, bist du dir der immensen Magie, die in dir schlummert, überhaupt bewusst?

Wir wissen, dass dies oftmals nicht der Fall ist. Euch Menschen wurde lange Zeit vermittelt, dass eure innewohnende Kraft böse und anmaßend sei. Euch wurde eingeredet, dass ihr klein und unwissend seid und dass andere Kräfte und Mächte über euch gebieten.

Geliebtes Wesen, dies ist eine Lüge. Die Menschheit hat sich immer schon nur zu gern in die Abhängigkeit begeben, um sich nicht der eigenen Macht stellen zu müssen, die in ihren Herzen schlummert, weil es einfacher war,

die Verantwortung abzugeben und so zu tun, als ob man dem Schicksal und den Göttern hilflos ausgeliefert sei.
Doch lass es uns jetzt noch einmal in aller Klarheit sagen: DU bist ein Teil der allumfassenden Quelle allen Seins. In dir ist die lichtvolle Flamme des Lebens enthalten, die nichts anderes als die Kraft der Schöpfung ist – Schöpferkraft! Es gibt niemanden – außer dir selbst –, der über dich richten wird. DU bist der Schöpfer in deinem Leben, und gemeinsam mit den anderen Seelen des Universums vollführt ihr einen grandiosen Tanz, ein Spiel, das euch an Erfahrungen und Erlebnissen reich werden lässt. In welcher Form auch immer ihr sie für euch erwählt.
Du erschaffst mit jedem Gedanken - und vor allem mit jedem Gefühl -, das du hinaus ins Universum und in die Welt sendest, dein Leben. Alles, was existiert, wurde zuvor erdacht und erfühlt. Ohne dies würde keine Schöpfung existieren! Betrachte dein Leben, und erkenne deine Schöpfungen! Sei ehrlich zu dir! Befreie dich von dem Gefühl, machtlos zu sein. Du trägst den Schlüssel in dir! Wir Drachen sind hier, um dich an diese Macht in deinem Inneren zu erinnern und dir zu sagen, dass du keine Angst davor haben musst, sie wieder bewusst anzuwenden. Wenn du dies mit Liebe tust, wirst du wunderbare Ergebnisse erzielen.

## Segnung

Ich fühle mich vom Leben gesegnet und segne durch mein Sein ebenfalls die Welt.

**Energie-Impuls zu dieser Karte**

Es ist Zeit für dich, zu erkennen, dass die Kraft der Segnung immer in deinem Leben weilt.

Alle Wesen des Universums – und somit auch DU – sind immerwährend vom Segen der Quelle allen Seins umhüllt. Ein Segen ist der Ausdruck höchster Liebesenergie, der dir all das zugesteht und zur Verfügung stellt, was du für ein glückliches Leben brauchst – Licht, Liebe, Gesundheit, Glück, Zufriedenheit, Erfüllung, Freundschaft und noch unendlich viel mehr.

Der Segen ist immer da, doch oftmals wird er nicht wahr- und vor allem nicht angenommen! Ein verschlossenes und verängstigtes Herz hat Schwierigkeiten, diese segensreichen Energien zuzulassen, weil es denkt, es sei all des Wunderbaren nicht wert. Doch der Segen wartet geduldig in deinem Energiefeld, bis du so weit bist, zu erkennen, dass er dir zusteht. Wenn du diese Karte ziehst, so ist dies ein Impuls deines Segens, der dir vermittelt, dass er sich nun gerne über dich ergießen möchte.

Öffne dein Herz und deine Sinne, und stelle dir vor, wie ein Strom von höchsten und liebevollsten Energien in dich hineinfließt. Fühle, wie dein ganzes Sein davon erfüllt wird – jede Zelle, jeder Gedanke und jedes Gefühl wird davon berührt und verändert alles in dir hin zu mehr Harmonie, Gesundheit und Freude.

Wenn du angefüllt bist von diesen segensreichen Energien, bedanke dich dafür und erfreue dich an ihnen. Wisse, dass du dich jederzeit dieser Segnung öffnen kannst. Du musst nur bereit sein, sie anzunehmen.

Ebenso kannst du einen Überfluss an segensreichen Energien an andere verteilen. Du bist ein Teil der Schöpfung und darfst den Segen weitergeben! Ob an andere Menschen, Tiere, die Erde oder das ganze Universum. Lasse deine Liebe und deine lichtvollen Energien in dein Umfeld fließen. So wirst du dich ständig in einer Fülle an unterstützenden Energien befinden, die dich und alles in deinem Leben bereichert.

## Selbstachtung

Ich liebe und achte mich
selbst und den Weg,
den ich gewählt habe.

**Energie-Impuls zu dieser Karte**

Immer wenn du dich selbst kritisierst, wenn du dich kleinmachst oder für das, was du bist, verurteilst, nimmst du dir etwas von der Kraft, die dein wunderbares Wesen eigentlich ausmacht. Du kannst all deine Ideen, Träume und Visionen nur verwirklichen, wenn du damit aufhörst – und zwar jetzt! Drachenenergie wirkt direkt, klar und ohne Umschweife.

Also: Wenn du es leid bist, dich so zu fühlen – höre auf, dich kleinzumachen! Sofort!

Lasse die Energie deiner unsterblichen und lichtvollen Seele in dir erwachen. Entzünde deine Seelenflamme, und entfache damit ein Feuer, das heiß und liebend

in dir lodert. Das einfach alles mitreißt und das zum Vorschein bringt, was du wirklich bist: ein machtvolles, schöpferisches Wesen voller Liebe, Kraft und Talent!
Sei stolz auf dich, auf alles, was du bist und schon erreicht hast. Ehre den Weg, den du bisher eingeschlagen hast. Ehre ihn dafür, dass er dir so wertvolle Lernerfahrungen beschert hat, egal, wie sie ausgesehen haben. Denn DU hast sie dir SELBST erschaffen und dich damit beschenkt! Ehre deine Entscheidungen, die dich an diesen Punkt gebracht haben.
Es beginnt jetzt, da du diese Zeilen liest und die Energien bereits in dein Leben ziehst. DU hast begonnen, dich zu verändern – du bist stark und wundervoll. Sieh, wie wir uns vor dir verneigen, denn du bist mutig und großartig.
Liebe dich selbst, einfach so, wie du bist. Du hast allen Grund dazu – immer.

## Selbstbewusstsein

Ich werde mir mehr
und mehr bewusst,
wer ich wirklich bin.

**Energie-Impuls zu dieser Karte**

Genug der Ablenkungen von außen! Viel zu lange hast du dich von den Verlockungen der Welt ablenken lassen. Wir wissen, wie leicht und verführerisch es für dich ist, dich mit all diesen faszinierenden Dingen, die dir tagtäglich begegnen, zu befassen. Es gibt darunter in der Tat auch viele sinnvolle Beschäftigungen. Doch dein Bewusstsein geht dabei verloren. Dein Selbstbewusstsein!
Diese Karte und ihre Energie fordern dich auf, dich vermehrt mit dir selbst zu beschäftigen! Nur wenn du deine Wünsche und Bedürfnisse, deine Talente und Eigenschaften kennst, kannst du dir deiner selbst wirklich und wahrhaftig bewusst werden.

Die Menschen verstecken sich oft vor sich selbst, weil sie Angst vor dem haben, was dabei zum Vorschein kommen könnte. Die meisten von euch haben Angst vor ihrer eigenen Größe! Doch es ist Zeit, euch eurem Selbst zu stellen! Es ist Zeit für DICH, genauer hinzuschauen! Wer bist du wirklich? Was versteckst du noch vor dir und vor anderen?

Bitte nimm dir Zeit für dich selbst. Aber nicht, um dich selbst zu verwöhnen – das solltest du sowieso regelmäßig tun –, sondern um dich selbst noch besser kennenzulernen. Verbinde dich mit deinem Herzen und mit deiner Seele, und höre, was sie dir zu sagen haben. Welche inneren Bilder erscheinen dir, wenn du die Augen schließt?

Begib dich auf die Reise zu dir selbst, immer wieder, und erkenne nach und nach, welch wunderbares, göttliches Wesen du bist! Die Zeit, die du in dich investierst, ist so unendlich kostbar – durch sie wirst du die Schätze deiner Seele erst richtig kennenlernen. Nimm dich in all deinen Facetten an, mit deinem Licht, und ja, auch mit deinen Schatten. Erst die Summe all deiner einzigartigen Anteile machen dich zu dem, was du bist – ein unvorstellbar wundervolles und herrliches Schöpferwesen!

P.S. Wir lieben dich!

## Selbstverantwortung

Ich bin für alles in meinem Leben selbst verantwortlich und handle auch danach.

**Energie-Impuls zu dieser Karte**

Wusstest du, dass du jedes Mal, wenn du dich innerlich weigerst, die Verantwortung für etwas in deinem Leben zu übernehmen, deine innersten Kräfte abgibst? Egal, was dir gerade geschieht – wenn du einen äußeren Umstand, einen anderen Menschen oder vielleicht sogar Gott dafür verantwortlich machst, gibst du damit immer deine Macht ab! Denn du bist niemals Opfer – du bist immer ein Schöpfer, IMMER!

Du bist sogar so mächtig, dass du deine eigene Macht bewusst abgeben kannst! Für uns, die Drachen, die eure wahre Schöpferkraft und Macht sehen können, ist es jedes Mal ein fast schon amüsantes Schauspiel

euch dabei zu beobachten, wenn ihr so tut, als wäret ihr kleine, ohnmächtige Menschen, die den Launen des Schicksals hilflos ausgeliefert sind.
Bitte werde dir bewusst, dass du immer die Wahl hast. Du bist nach dem Abbild der schöpferischen Quelle – manche nennen sie Gott – erschaffen worden und dadurch ebenfalls schöpferisch, was dein eigenes Leben anbelangt. Daher bist du auch für alles in deinem Leben selbst verantwortlich. Übernimm diese Verantwortung, behalte deine Macht bei dir, und setze sie angemessen ein.
Wenn du die Verantwortung für dein Leben übernimmst, kommen die Antworten aus deinem schöpferischen Selbst, und dieses ist immer verbunden mit der Quelle allen Seins.
Natürlich ist es manchmal eine große Herausforderung, für ALLES in seinem Leben die Verantwortung zu übernehmen. Gleichzeitig birgt jede Erkenntnis darüber auch die Möglichkeit, dass du selbst Veränderung herbeiführen kannst. Erinnere dich daran, wenn du wieder einmal vor einer schwierigen Situation stehst.
Vertraue dir, dass du angemessen mit deiner Macht und Kraft umgehen wirst, und setze dich für das ein, was dir wichtig ist.

## Selbstwert

Ich bin es mir wert, mir überall in meinem Leben das Beste zuzugestehen.

**Energie-Impuls zu dieser Karte**

Was bist du dir selbst wert?

Blicke dich in deinem Leben um: Bist du zufrieden mit dem, was du dort siehst? Liebst du dein Leben? Oder gibt es Möglichkeiten zur Verbesserung?

Je mehr du dich selbst wertschätzt, je höher dein Selbstwertgefühl ist, desto erfüllter ist dein Leben. Nicht andere bemessen deinen Wert, sondern du! Sie mögen dich und dein Selbstbewusstsein zwar gerne herausfordern, indem sie so tun, als ob sie über deinen Wert bestimmen könnten, doch dem ist nicht so.

Nur deine eigenen Gefühle sind ausschlaggebend. Und nun sag uns, warum solltest du es dir selbst nicht wert

sein, dir nur das Beste aus allen Lebensbereichen zuzugestehen?
Meinst du, du wärst nicht schön, nicht schlau, nicht jung oder liebenswert genug? Mach dich bitte nicht klein! Denn DAS ist absolut unangebracht. Stoppe diese Gedanken und Gefühle – jetzt! Glaube uns, wenn wir dir sagen, dass du ein überaus wertvolles, geschätztes und geliebtes Wesen bist. Was am Ende zählt, ist, dass DU dies erkennst und diese Wahrheit in deinem Herzen aufflammen lässt! Schüre das Feuer, erkenne dich selbst!
Wir fragen dich daher gerne noch einmal: Was bist DU DIR wert?
Begib dich in deiner Vorstellung dorthin, wo aus Träumen Realität wird, und träume groß! Du bist ein Schöpfer – erschaffe! Und zwar all das, was dich glücklich macht. Nichts anderes hast du verdient!

## Spielen

Ich erlaube mir, wie ein Kind zu spielen und einfach nur Spaß zu haben.

**Energie-Impuls zu dieser Karte**

Beobachtest du Kinder manchmal dabei, wie sie unbeschwert spielen und dabei sogar an den einfachsten Dingen den größten Spaß haben?

Wenn du vom Kind zum Erwachsenen wirst, wird dir diese Unbeschwertheit oftmals genommen, weil in der Erwachsenenwelt Leistung und Vorschriften zählen und für Spaß oftmals kein Platz bleibt. Du fühlst dich dann wie in einem engen Korsett, das dir die Luft zum Atmen nimmt. Doch es muss nicht so sein. Denke daran, dass du jederzeit die freie Wahl hast, darüber zu bestimmen, was zu deinem Leben gehören darf und was nicht. DU entscheidest!

Dein Leben stellt dir eine riesengroße Spielwiese mit unendlich vielen Möglichkeiten zur Verfügung. Spüre einmal tief in dich hinein: Sehnt sich dein Herz danach, zu spielen, sich auszuprobieren und pure Leichtigkeit zu leben?

Wann hast du verlernt, zu spielen? Wann hast du angefangen, dir den Spaß zu verwehren? Es ist wichtig, dass du in deinem Alltagsleben einen Ausgleich findest, der dich wieder mit deinem inneren Kind verbindet. Es braucht die Freiheit, sich weiterhin ausdrücken und frei ausleben zu können. Gib seinem Drängen nach, und erlaube dir selbst wieder, zu spielen und dich wie ein Kind zu fühlen – unbeschwert, neugierig und offen für die Wunder des Lebens!

Im Spiel folgst du deinen tiefsten Instinkten und lässt dich auf den natürlichen Fluss deines Lebens ein. Dein ganzes Wesen öffnet sich und lässt die Schwere los, die dich manchmal umgibt. Lasse dabei alles beiseite, was nicht der Freude dient.

Fühle dich wie ein Kind des Universums, das ganz genau spürt, dass es versorgt und geliebt ist. Erlaube dir die Energie der Freude, wenn du dich dem Spiel öffnest. Dein irdisches Alter spielt dabei überhaupt keine Rolle, alles darf sein, wenn DU Spaß daran hast!

## Stille

Ich begebe mich bewusst in die Stille meines Seins, um zur wohltuenden Ruhe zu kommen.

**Energie-Impuls zu dieser Karte**

Manchmal kann der Sturm, der in dir tobt, zu stark werden. Manchmal ist auch das, was von der Außenwelt auf dich einstürmt, einfach zu viel. Es sind Energien, die dich scheinbar aus dem Gleichgewicht bringen, dich hin- und herschleudern und verwirren.

Doch dir steht IN DIR ein Raum zur Verfügung, der alle fordernden Stimmen – ob von dir selbst oder von außen erzeugt – zum Schweigen bringen kann.

Es ist dein Raum der Stille.

Du kannst ihn jederzeit aufzusuchen. Du findest ihn, indem du dich dazu entscheidest, keiner dieser Stimmen, die dich verunsichern, antreiben oder verurtei-

len, mehr zu folgen. Sie alle haben kein Gewicht, denn sie sind nicht deine innerste Wahrheit. Die Wahrheit deiner Seele sieht ganz anders aus. Liebevoll, sanft, beschützend, ruhend und ausgeglichen.
Ziehe dich zurück in deinen Raum der Stille – egal, wie sehr der Sturm um dich herum auch toben mag. Es ist nicht nötig, dass du dich davon beunruhigen lässt. Stehe still, atme, und besinne dich auf die Kraft deiner Seele. Atme diese Energie ganz tief in dich hinein. Fühle, wie sie sich in dir ausbreitet und sich mit ihr wohltuende Ruhe in dir breitmacht.
Bleibe so lange in deinem Raum der Stille, wie du es für richtig hältst. Du entscheidest selbst, welcher Zeitraum angemessen ist. Du kannst fühlen, wie lange es dir guttut, darin zu verweilen. Achte dabei auf die Stimme deines Herzens, und lasse die Stimmen, die von außen kommen, einfach an dir vorbeifließen. Mögen sie noch so laut und fordernd sein.
Wisse, dieser Raum ist keine Zufluchtsstätte, sondern ein Ort, der dir Kraft, Ruhe und wieder einen klareren Blick auf das Gesamte gibt. Du erholst dich in deinem Raum der Stille und sammelst dort Kraft, um danach souverän und gestärkt weiterzugehen.

## Tatkraft

Ich werde jetzt aktiv und bringe etwas Neues in meinem Leben in Gang.

**Energie-Impuls zu dieser Karte**

Es gibt Momente der Ruhe und des Rückzugs, Zeiten, in denen etwas in dir wächst und sich formt und darauf wartet, in die Welt hinauszufließen. Und dann gibt es Momente, in denen es Zeit ist, aktiv zu werden und loszulegen.

Dieser Zeitpunkt ist jetzt gekommen! Es macht jetzt keinen Sinn mehr für dich, zu zaudern, deine Talente zu verstecken oder deine Pläne für dich zu behalten. Wenn du zur Tat schreitest, lässt du deine innerste Kraft nach außen fließen. Du gibst einen Teil von dir, deine Schöpferkraft, damit sie sich verströmen und Neues erschaffen kann. Dies ist ein bedeutender und wunderschöner Akt.

Vertraue dir selbst, und folge dem Weg, der sich vor dir ebnet. Wenn du etwas in deinem Inneren erschaffen hast, dann ist der nächste Schritt, es sich auch manifestieren zu lassen. Es werden sich Gelegenheiten ergeben. Du wirst Menschen kennenlernen, die dir weiterhelfen. Türen werden sich öffnen. Sei offen für alles, was dir begegnet. Sieh dir aufmerksam an, welche Geschenke sich dir offenbaren, und nutze die Möglichkeiten. Probiere dich aus, lerne, und sammele wertvolle Erfahrungen. All das ist jetzt angebracht. Lasse dich nicht von neuen Situationen verunsichern. Mit jedem weiteren Schritt wirst du wissen, wohin die Reise gehen wird und welche Richtung sich für dich passend anfühlt.

Mache einfach einen Schritt nach dem anderen, denn die Zeit des Wartens ist jetzt vorbei. Du wirst es in dir schon gefühlt haben – so ein inneres GO. Dass du diese Karte gezogen hast, ist nur ein weiterer deutlicher Hinweis, dass es jetzt richtig ist, etwas in Bewegung zu bringen und aktiv zu werden. Achte darauf, den Impulsen aus deinem Herzen zu folgen, damit deine Schöpfung auf angemessene Weise zu voller Blüte gelangen kann.

## Transformation

Ich transformiere alte Energien in mir und verwandle sie in kraftvolle Potenziale.

**Energie-Impuls zu dieser Karte**

Für die Entwicklung zu einem bewussten Schöpferwesen ist es notwendig, alte Gedanken und Gefühle in dir Schicht um Schicht abzulegen. Diese alten Gedanken und Gefühle befinden sich dann aber oft trotzdem noch für eine Weile in deinem Energiesystem. Sie verstopfen dein Sein und sind Ballast, den du aber transformieren kannst.

Energie kann nicht zerstört, doch sie kann umgewandelt werden. Wir Drachen sind ein wunderbares Beispiel dafür: Wenn unsere Seelen unsere Verkörperung verlassen, dann verfällt unser Körper nicht einfach, sondern wir transformieren die Energie des Physischen so lange, bis ein neuer Körper für eine andere Drachenseele daraus entsteht.

Genauso kannst auch du mit deinen alten Gedanken und Gefühlen umgehen: Begib dich an einen beliebigen inneren Kraftort. Bitte darum, dass die violette Flamme der Transformation dich und dein ganzes Sein umhüllt und alle Energien, die dir nicht mehr entsprechen, in neue Potenziale umwandelt.

Du wirst spüren, wie das violette Feuer durch deinen ganzen Körper fließt. An manchen Stellen wird es länger verweilen, um die Erinnerungen und Gefühle, die an diesen Orten verhaftet sind, intensiver bearbeiten zu können. Fühle, wie du dadurch von Altlasten gereinigt und befreit wirst, die dich viel zu lange behindert haben. Bleibe so lange in der Flamme stehen, wie es sich für dich richtig anfühlt. Die violette Flamme wird so lange bei dir bleiben, wie es momentan für dich angemessen ist.

Danach wird in dir eine lichte und strahlende Energie zurückbleiben, die dir für neue Schöpfungen, neue Visionen und Träume zur Verfügung steht – damit du leichter und mit mehr Kraft weitergehen kannst.

## Unschuld

Ich bin ein reines und vollkommen unschuldiges Wesen des Universums.

**Energie-Impuls zu dieser Karte**

Es gibt etwas, dass deine innerste Kraft schmälert, und das sind Gefühle der Schuld, die sich in dir in verschiedenster Form angesammelt haben.

Bitte werde dir bewusst, dass jegliche Schuldgefühle in dir absolut unnötig sind. Du bist im Kern deines Seins ein absolut reines und vollkommen unschuldiges Wesen. Es gibt keine Schuld, die du auf dich geladen hast, es gibt nur Erfahrungen, die du mit anderen teilst.

Schuldgefühle wiegen schwer und legen sich wie Schatten auf deine Wünsche und Träume. Indem du das zulässt, behinderst du dich selbst darin, in dem Tempo voranzuschreiten, das dir angemessen wäre.

Jedes Wesen, mit dem du interagierst, hat seinen persönlichen Erfahrungen auf der Seelenebene zugestimmt. Mit eurem Sein habt ihr euch gegenseitig geholfen, diese Erfahrungen zu erleben. Statt Schuldgefühle zu entwickeln, solltet ihr Verständnis und Mitgefühl für beide Seiten aufbringen.
Befreie dich jetzt von deinen alten unnützen Schuldgefühlen. Fühle in dich hinein: Wo sitzen diese Schuldgefühle? Wahrscheinlich kannst du sie in deinem Herzen und/oder in deinem Bauch fühlen. Lasse das liebende Feuer deiner Seele jetzt durch dich hindurchfließen. Lasse es diese alten überholten Schuldenergien forttragen. Fühle, wie sie durch das Feuer, das du als äußerst angenehm empfinden wirst, einfach zu etwas Neuem transformiert werden. Die Energien, die durch diese Transformation freigesetzt werden, wandeln sich in eine unbändige Kraft, die jetzt durch dich hindurch pulsiert.
Diese Kraft hilft dir, befreit neue Wege zu gehen und all das in Angriff zu nehmen, woran dich deine Schuldgefühle bisher gehindert haben.
Es ist Zeit für diese innere Loslösung. Lasse sie zu!

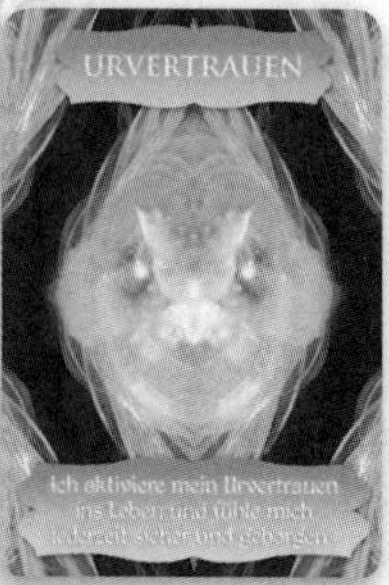


## Urvertrauen

Ich aktiviere mein Urvertrauen ins Leben und fühle mich jederzeit sicher und geborgen.

**Energie-Impuls zu dieser Karte**

Innere Unsicherheiten, Gefühle der Leere oder Hilflosigkeit rühren nicht selten von einem fehlenden Urvertrauen her. Dies ist nichts anderes als ein bedingungsloses Vertrauen, das durch nichts erschüttert werden kann, weil du dich selbst als geliebten, untrennbaren Teil des großen Ganzen, der Quelle allen Seins, wahrnimmst.

Es ist jetzt für dich an der Zeit, wieder in dieses Urvertrauen hineinzufinden. Fühle in dein Herz. Du trägst in dir jederzeit die Flamme der großen Seele und Quelle allen Seins. Fühle ganz tief in dich hinein, und finde dieses Licht wieder. Sei dir gewiss, es ist da. Und wenn du es dann siehst und spürst, hauche ihm mit deiner Liebe weiteres Leben ein. Sieh, wie es immer größer wird und dich vollkommen erfüllt. Sieh, wie es sich ausdehnt und dich mit einer unglaublichen Liebe und Wärme umgibt. Spüre, wie damit auch das Vertrauen, dein Urvertrauen, zurückkehrt. Du fühlst dich in dieser Energie vollkommen geborgen, angenommen und geliebt. Es ist vergleichbar mit dem Gefühl, dass du im Mutterleib hattest. Es fühlt sich weich, warm und richtig an.

In diesem Zustand kann dich nichts, was dir im Außen geschieht, aus deiner Mitte bringen. Du beobachtest zwar, was dort alles geschieht, bist dir im Innersten jedoch darüber bewusst, dass dir und deiner Seele nichts geschehen kann. Du bist absolut sicher.

Deine Zugehörigkeit zu allem, was ist, ist immerwährend und bedingungslos. Du kannst in Ruhe und in allen Facetten, die dir angemessen erscheinen, die Erfahrungen deines Lebens machen und bist trotz allem – und gerade deshalb – immer geliebt und in vollkommener Sicherheit.

## Veränderung

Ich bin bereit für Veränderung, denn dadurch wachse ich und erweitere mein Sein.

**Energie-Impuls zu dieser Karte**

Jeder Augenblick deines Lebens besitzt unendlich viel Potenzial, das darauf wartet, von dir entdeckt und genutzt zu werden.

Das Universum beschert dir einen unendlichen Reichtum an Erfahrungen und Möglichkeiten, die dir zur Verfügung stehen, um durch sie zu wachsen und von ihnen zu lernen. Erinnere dich daran, dass du das Feuer der Schöpfung in dir trägst. Du bist getragen von der göttlichen Flamme, die sich ausdehnen und erfahren möchte. Deshalb bist du hier!

Du bist nicht hier, um dich immerfort in dein Schneckenhaus zurückzuziehen! Deine Seele will sich ausprobieren und weiterentwickeln. Aus diesem Grund sind Veränderungen nichts, wovor du dich fürchten musst. Im Gegenteil: Sie sind Gelegenheiten, die sich dir offenbaren und dir neue Menschen und Situationen zeigen, die dein Leben bereichern können. Erlaube dir hinzusehen, und male dir in Gedanken aus, wie es sein könnte, diese neuen Potenziale zu leben.

Werde dir bewusst, dass jegliche Veränderung, die auf dich zukommt, nicht zufällig in dein Leben tritt. Sie hat ihre Daseinsberechtigung und dient immer deinem Wachstum. Auf deiner Seelenebene hast du diese Veränderung bereits willkommen geheißen und sogar selbst mit in die Wege geleitet. Du bist kein Spielball einer äußeren Macht oder eines ungerechten Schicksals. Lasse die kommende Veränderung mutig und voller Neugier zu. Noch kannst du nicht das gesamte Bild sehen, das dahintersteht. Es wird sich dir erst mit der Zeit vollständig offenbaren, doch du wirst dann erkennen können, wozu genau diese Veränderung notwendig war.

Nimm einen tiefen Atemzug, und heiße die Veränderung mit deinem ganzen Sein, mit deinem Herzen willkommen!

## Verbundenheit

Ich spüre die Verbundenheit mit allem und fühle mich dadurch geliebt und beschützt.

**Energie-Impuls zu dieser Karte**

Als souveränes Schöpferwesen wandelst du auf dieser Erde, triffst deine eigenen Entscheidungen und machst für dich wichtige Erfahrungen. Trotzdem bist du zu keinem Zeitpunkt alleine. Lasse das Gefühl des Alleinseins sich in das Bewusstsein des ALL-EINS-SEINS wandeln.

Alles, was du um dich herum wahrnehmen kannst – und sogar noch sehr viel mehr –, ist aus der Quelle allen Seins entsprungen. Euch alle eint die Seelenflamme in euren Herzen – auch wenn ihr euch unterschiedliche Verkörperungen ausgesucht habt. Die Erde, die Natur, die Tiere, die Menschen und die Wesen des Naturreiches, der Engelsphären oder anderer Dimensionen, wie z. B. unsere der Drachen oder die der Einhörner, sowie viele andere Spezies, die dir derzeit nicht bekannt sind: Ihr alle seid EINE Familie!

Wenn es Momente gibt, in denen du dich einsam fühlst, nimm dir bitte Zeit, in dein Herz hineinzuspüren. Wenn du in die Flamme deines Herzens siehst, wirst du deine Familie darin erkennen können. Es liegt eine große Kraft darin, die Verbundenheit mit allem, was ist, wieder wahrzunehmen, denn du wirst dich in der Gemeinschaft immer geborgen, geliebt und sicher fühlen. Du weißt dann, dass du deine Erfahrungen und Erlebnisse teilen kannst, dass du Zuspruch bekommst und in Liebe gehüllt wirst, sobald du dein Inneres dafür öffnest.

Diese Zuwendung kann von anderen Menschen, Tieren, der Natur, deinen Engeln oder anderen lichtvollen Begleitern kommen. Du bist eingebettet in diese Gemeinschaft, und Gefühle der Trennung sind reine Illusion.

Du bist ein untrennbarer Teil von uns. Fühle dich von unserer Energie umarmt.

## Vergebung

Ich vergebe mir selbst,
ich vergebe anderen und
erfahre dadurch Frieden.

**Energie-Impuls zu dieser Karte**

Sich selbst und andere mit Schuldgefühlen und Vorwürfen zu behaften, ist immer etwas, das Stillstand mit sich bringt.

Du verbleibst dabei in einem Zustand, der dich und andere bindet, der euch in ein strenges und hartes Korsett zwängt, aus dem heraus ihr nur vermindert handlungs- und empfindungsfähig seid. Du verwehrst dir und anderen Personen dadurch wichtige Entwicklungsschritte. Eine Loslösung ermöglicht euch, euch zu versöhnen oder zu einer Situation zu gelangen, in der jeder wieder frei seiner Wege gehen kann, ohne Altlasten mit sich herumzutragen, die ihn beschweren. Bei-

des ist angemessen und entspricht einer Schöpfung, die mit Freiheit verbunden ist.
Wenn es bei der Schuldzuweisung um dich selbst geht, wenn es etwas ist, mit dem du dich selbst belastest, dann ist der Akt der Vergebung ein Wendepunkt, der dich aus diesem Gefängnis, das du dir selbst auferlegt hast, befreien kann.
Erkenne, dass du, wie auch andere, immer nach bestem Wissen und Gewissen handelst. Egal, was geschehen ist, es geschah immer, um euch reich an Erfahrungen zu machen. Durch diese Situationen lernt ihr und entwickelt euch weiter. Jeder Mensch, auch du selbst, hat auf der Seelenebene diesen Erfahrungen zugestimmt. Auch wenn sie manchmal sehr intensiv sein können, im Kern eures Wesens nehmt ihr niemals Schaden.
Daher lasse deine Schuldgefühle und deine Verbitterung los. Übergib sie dem Feuer deines Herzens, löse auch deine inneren Fesseln mit diesem Feuer, und befreie dich. Vergib dir und allen Beteiligten. Erinnere dich daran, dass du dir das alles selbst erschaffen hast und es jederzeit wieder verändern kannst.
Erlöse und befreie dich – jetzt!

## Vision

Ich habe eine absolut erfüllende Vision von meinem Leben und erschaffe diese jetzt.

**Energie-Impuls zu dieser Karte**

Du bist JETZT eingeladen, eine wunderbare, großartige und erfüllende Vision deines Lebens zu aktivieren! Was erträumst du dir für dein Leben? Wie würde es aussehen, wenn du ganz frei in deiner Vorstellung davon wärst? Sieh, wie sich vor dir eine Leinwand bildet und du das Leben deiner Träume darin erblickst! Wie siehst du aus? Wo wohnst du? Sieh, wie sich dein Wunschleben vor dir wie in einem Film zeigt, schau ganz genau hin. Der Film ist immerwährend und kann sich ständig verändern, er muss nicht immer gleich bleiben – denn DU schreibst das Drehbuch! Welche Menschen befinden sich im Film deines Lebens? Wie interagiert ihr mitei-

nander? Welche Orte besuchst du? Was lernst du alles? Welche verrückten Dinge probierst du aus?
Schöpfe aus dem Vollen, und gib dich ganz hin. Fühle mit dir selbst mit, wenn aufregende, romantische oder lustige Momente auf der Leinwand auftauchen. Liebe dein Selbst in diesem Film, der im Grunde nichts anderes als der Beginn DEINER Schöpfungen ist.
Du wirst dein Leben nicht an einem Tag ausfüllen können. Komme daher immer wieder zu dem Film deines Lebens zurück, und fühle dich in das ein, was dir jetzt noch erstrebenswert erscheint. Wechsle Orte – und wenn dir danach ist, auch Mitspieler – aus. Entwickle unterschiedliche Szenarien, bis sie sich in deinem Herzen richtig anfühlen. Und dann setze deine Visionen um. Bleibe nicht nur Zuschauer. Du wirst bemerken, dass du die Leinwand deines Lebens in der Realität betreten kannst! Tu dies – häufig! Wechsle immer wieder aus deiner Situation des Betrachters in die Rolle des Akteurs. Schlüpfe hinein in deinen von dir geschaffenen Charakter, und erlebe die wunderbarste Vision deines Selbst direkt.

FÜHLE UND ERLEBE DEINE VISION! Und sieh, wie dein reales Leben sich nach und nach verändert ...

## YANG

Ich ehre und entwickle jetzt verstärkt die männlichen Kräfte und Bedürfnisse in mir.

**Energie-Impuls zu dieser Karte**

Egal, ob Mann oder Frau, sei dir bewusst, dass in dir immer beide Energien – die des männlichen YANG und des weiblichen YIN – vorhanden sind und im Gleichgewicht gehalten werden möchten. Erst gemeinsam bilden sie die Einheit, auch TAO genannt.

Wenn du diese Karte ziehst, ist es für dich momentan wichtig, den Energien des YANG, deinen männlichen Kräften und Bedürfnissen, mehr Ausdruck zu verleihen.

In der Energie des YANG wirst du aktiv und bleibst mit deinen Gedanken und Ideen nicht weiter im Hintergrund. Alles in dir drängt danach, dein ganzes Sein der

Sonne zuzuwenden, dem Licht, das deine Ideen nährt und dich motiviert, dich immer weiterzuentwickeln.

Das Feuer in dir möchte jetzt nicht mehr länger zurückgehalten werden, es will sich ausbreiten. Bringe das, was bisher in deinem Innersten gewachsen ist, JETZT nach außen. Die Zeit ist reif!

Wenn du dich schon lange mit einer Idee, einem Projekt oder einem neuen Anteil in dir beschäftigst, dann ist jetzt die perfekte Zeit, darüber zu reden, sie nach außen zu tragen und zu präsentieren. Zeige dich und das, was du mit anderen zu teilen hast – die Welt wartet auf dich!

Es gibt in dir diesen männlichen Anteil, der mitspielen und nicht immer nur abwarten will. Er möchte nicht mehr übersehen werden, er will sein Wissen, sein Talent und seine Kraft einbringen.

Lasse diese Kraft nach außen strömen, lasse dich mitreißen von ihrer Energie, und staune über die Ergebnisse, die daraus entstehen werden.

## YIN

Ich achte jetzt verstärkt auf meine weiblichen Kräfte und Bedürfnisse.

**Energie-Impuls zu dieser Karte**

Egal, ob Frau oder Mann, in dir als Wesen des Universums schlummern immer beide Kräfte – die des weiblichen YIN und die des männlichen YANG –, die gemeinsam die Einheit des TAO bilden.

Wenn du diese Karte ziehst, ist es für dich im Augenblick wichtig, den Energien des YIN, deinen weiblichen Kräften und Bedürfnissen etwas mehr Aufmerksamkeit zu schenken. Manchmal gerätst du im Alltag in ein Ungleichgewicht. Doch um gesund zu bleiben, achte darauf, im Gleichgewicht zu bleiben. Im Moment geht es darum, in die weiblichen Energien abzutauchen. Die Energien des YIN sind unter anderem Energien des

Empfangens, der Passivität. Es geht darum, sich Entspannung und vielleicht mehr Schlaf zu gönnen.
Höre jetzt auf, aktiv zu sein. Atme durch, und komme zur Ruhe. Vielleicht magst du eine beruhigende Meditation durchführen oder du schaust, was dich in diesem Moment zu dir zurückführen könnte.
Es ist jetzt wichtig, dass du in einen Modus des Empfangens und nicht in den des Gebens gehst. Erlaube dir, all das Gute des Lebens anzunehmen. Gestehe dir zu, dich dem Fluss des Lebens einmal vertrauensvoll hinzugeben. Hast du dies über einen längeren Zeitpunkt nicht getan, wird es dir etwas schwerer fallen, doch genau dann ist es umso notwendiger. Fange einfach an. Auch kleine Schritte sind Fortschritte, die dir guttun werden.
Kümmere dich um dich, sei sanft zu dir, und erlaube auch anderen, vertrauenswürdigen Menschen in deinem Umfeld, sich um dich zu kümmern. Bitte sie darum, und sage ihnen, was du gerade jetzt brauchst. Vielleicht sind es eine Umarmung oder andere liebevolle Zärtlichkeiten, bei denen du auftanken kannst. Vielleicht ist es Hilfe bei alltäglichen Aufgaben. Oder eventuell einfach ein Raum des Rückzugs, den sie dir gewähren.
Probiere es aus, und nimm die Geschenke des Lebens dankbar an.

# Danksagung

Ich bin zutiefst dankbar dafür, dass ich dieses wunderbare Kartenset in Wort und Bild in diese Welt bringen durfte. Es war ein Vergnügen für mich, daran zu arbeiten.

Es braucht trotz allem viele Mitgestalter auf Erden und auch aus den lichtvollen Bereichen des Seins, damit ein solches Werk in die Hände vieler Menschen geraten kann. Ich danke daher zuallererst meinen Verlegern Heidi und Markus Schirner von ganzem Herzen für ihr Vertrauen, das sie immer wieder in mich und mein Wirken legen, und die Möglichkeit, meine intuitiven Impulse auf diese Art verwirklichen und veröffentlichen zu können. Ich bin sehr dankbar für die inspirierende Zusammenarbeit mit meiner Lektorin Kerstin Noack und allen anderen Mitarbeitern des Schirner Verlags. Ich weiß, dass viele Helfer an dem Erfolg einer solchen Schöpfung beteiligt sind!

Ich danke meinem Mann Matthias, meiner Familie und meinen Freunden für all die Liebe, die ich durch sie immer wieder erfahre und ohne die es nicht möglich wäre, all das überhaupt zu erschaffen.

Ein ganz besonderer Dank geht diesmal auch an den einzigartigen Komponisten Thomas Bergersen, den ich wahrlich verehre. Zu Beginn meiner Arbeit an diesem Kartenset wurde ich intuitiv zu ihm geführt. Er hat es mir mit seiner grandiosen Musik ermöglicht, jedes Mal sofort in die Energien des Drachenbewusstseins einzutauchen. Seine magischen Kompositionen haben einen großen Anteil daran, dass ich die Energien unserer Drachenfreunde so klar und direkt wahrnehmen konnte! DANKE!
Und natürlich gilt mein Dank vor allem auch unseren Freunden aus dem Drachenbewusstsein. Meinem alten Freund und Drachenbegleiter DraMagan und all den anderen kraftvollen Gefährten, deren Botschaften und Energien hier zu finden sind. Ich wünsche mir sehr, dass die Energien, die ich beim Erschaffen dieses Kartensets empfunden habe, die Herzen vieler Menschen berühren und die Erinnerung in ihnen wachruft, welche wahren Kräfte noch in ihnen schlummern.

# Über die Autorin und Künstlerin

Gaby Shayana Hoffmann wurde 1968 in Zürich geboren und lebt seit 1999 in Deutschland. Nach einer beruflichen Laufbahn im kaufmännischen Bereich hat sie seit 2002 ihre Berufung u. a. in der Erschaffung spiritueller Kunstwerke gefunden, die unter dem Namen »Dolphins DreamDesign« bereits weltweit bekannt und beliebt sind. Ihre lichtvollen Mandalas, Lichtwesen- und Energiebilder sowie deren Botschaften sind herzöffnend und berühren tief in der Seele.

Mit ihren Kunstwerken, Kartensets und Büchern inspiriert sie den Betrachter und Leser zu einem glücklichen und befreiten Leben und erinnert ihn in vielen unterschiedlichen Facetten daran, welch wunderbares und einzigartiges Wesen er ist und dass jeder Mensch von Liebe und Wundern umgeben ist.

Kunstdrucke und Leinwandbilder der Drachenkraft-Energien und noch viele weitere von der Autorin und Künstlerin finden Sie unter:

www.dolphins-dreamdesign.de

*Ebenfalls von der Autorin*
*erschienen im* Schirner Verlag

*Das kleine feine Buch der Engel*
*96 Seiten*
ISBN 978-3-8434-5089-8

*Das kleine feine Buch der Drachen*
*96 Seiten*
ISBN 978-3-8434-5097-3

*Das kleine feine Buch der Elfen und Feen*
*96 Seiten*
ISBN 978-3-8434-5117-8

*Das kleine feine Buch der Delfine*
*96 Seiten*
ISBN 978-3-8434-5118-5

*Das kleine feine Buch der Einhörner*
*96 Seiten*
ISBN 978-3-8434-5120-8

Innovativ, alltagsnah und mit viel Humor bringt Gaby Shayana Hoffmann dem Leser in ihrer »Kleinen feinen Reihe« die Welt der Himmlischen Lichtbegleiter nahe. Die Büchlein schenken wahre Glücksmomente und zahlreiche Übungen zur Verbindung mit der besonderen Kraft des jeweiligen Lichtwesens!

*Himmlische Lichtbegleiter*
*Kartenset, 56 Karten mit Begleitbuch*
ISBN 978-3-8434-9045-0

Engel, Elfen und Feen, Einhörner, Delfine und Meerengel: Verschiedene Lichtwesen sind in diesem bezaubernden Kartenset vereint. Sie unterstützen den Leser in seiner persönlichen Entwicklung und begleiten ihn auf dem Weg zur Entfaltung seines wahren Selbst. So kann er seiner strahlenden und einzigartigen Persönlichkeit endlich ihren gebührenden Platz im Leben einräumen. Die von der spirituellen Künstlerin liebevoll gestalteten Karten, die dazugehörenden Botschaften und kleine Energieübungen zeigen, wie man seine wahre Lebensbestimmung mit Freude entfalten kann.